同济大学交通学科先师纪念文集（第一辑）

筚路蓝缕

追忆创建同济大学道路专业和铁路专业的先师们

同济大学交通运输工程学院　编

同济大学出版社
TONGJI UNIVERSITY PRESS

图书在版编目（CIP）数据

筚路蓝缕：追忆创建同济大学道路专业和铁路专业的先师们/ 同济大学交通运输工程学院编. -- 上海：同济大学出版社，2020.7

（同济大学交通学科先师纪念文集 / 邹晓磊主编）

ISBN 978-7-5608-9302-0

Ⅰ.①筚… Ⅱ.①同… Ⅲ.①同济大学交通运输工程学院—教师—纪念文集 Ⅳ.①K825.46-53

中国版本图书馆CIP数据核字（2020）第104386号

筚路蓝缕——追忆创建同济大学道路专业和铁路专业的先师们

同济大学交通运输工程学院　编

责任编辑　陆克丽霞　**责任校对**　徐春莲　**封面设计**　潘向蓁

出版发行　同济大学出版社 www.tongjipress.com.cn

（地址：上海市四平路 1239 号　邮编：200092　电话：021-65985622）

经　　销　全国各地新华书店

排　　版　南京文脉图文设计制作有限公司

印　　刷　上海安枫印务有限公司

开　　本　787 mm × 1092 mm　1/16

印　　张　18

字　　数　449 000

版　　次　2020 年 7 月第 1 版　2020 年 7 月第 1 次印刷

书　　号　ISBN 978-7-5608-9302-0

定　　价　88.00 元

传统工程结构分析只有与现代计算方法和现代计算工具结合起来，才有可能突破，才有创新，才有生命力。

——童大埙

研究生开头一年半要做什么？加补基础，广泛阅读，了解大纲，联系实际。

——翁朝庆

此伟大之事业，久宜兢兢慎谋，以谋发展，陋病祸弊，务应革除，俾资挽救。则事大有可为矣。

——陈本端

老来丝犹吐，以勤自督促；将寿补蹉跎，愿见祖国富。

——李秉成

作为学生只要会“1+1=2”，而作为教师就必须要搞清楚为什么“1+1=2”的道理，讲清楚“之所以然”。

——龚雨雷

我们为民族的生存，为祖国的光荣，作除暴的抗争，那是正义的战争，神圣的举动。当今国难益亟，凡我国民，不能没有准备。

——马地泰

编委会

（按姓氏笔画排序）

序

习近平总书记曾经说过："历史不能割断，过去不能忘记。我们对老同志为党和人民事业发展建立的历史功绩永远不能忘，对老同志的光荣传统和崇高风范永远不能丢"。在同济大学交通学科创立106周年、交通运输工程学院成立20周年之际，回顾创系先师们为交通报国、民族振兴所建立的卓越功绩，瞻仰先师们在系科创立、艰苦创业过程中所经历的筚路蓝缕，追思先师们为人治学、大道传承中的高风峻节，对同济交通铭记立德树人的初心、践行交通强国的使命，无疑具有重要意义。

前辈教育家梅贻琦先生名言："所谓大学，非有'大楼'之谓也，乃有'大师'之谓也。"大师们的人格力量、精神感召与他们所创造的思想、知识同等重要。传道授业解惑，传道是第一位的。前辈学人是事业的开拓者、后学的引路人，但绝不是独行者，他们为人为师为学的风范，引领着一代又一代同济交通人接力写好"把论文写在祖国大地上"这篇大文章。

《筚路蓝缕》通过回忆老先生们的生平轶事，虽然只是一点一滴，但从中我们能真切感受到他们的为人、治学精神。当阅读到我的老师们所回忆的童大埙、翁朝庆、陈本端、李秉成、龚雨雷、马地泰等先生说过的话、做过的事，我发现，我们这代同济交通人的所思、所想、所学、所教，深受先师们思想精髓、精神风骨的影响。从他们身上，我看到了我们一代代“同路人”“思行合一，交融成艺”精神的根源所在。时代在变化，潮流在涌动，但老先生们所秉持的家国情怀、社会责任、严谨态度、豁达气度与质朴风骨却通过代际之间的言传身教，形成“同路人”的永久烙印。

令人感动的是，姚祖康、杨佩昆、吴承志、赵学勐等先生，在耄耋之年，依然精神抖擞，花了一年多的时间寻访翁先生、陈先生、龚先生的家人，组织撰写三位老先生的纪念文章，这种精神值得我辈学习。单从还原老先生们的事迹，还原一个年代的缩影，也已经是难能可贵的事情了。

这本文集非学术专著，但超越学术。有励志奋斗，有恬淡志趣，无论大事小事，都能反映出同济交通人精神来源。年轻读者怎么读这本书？不妨找一处坐下来，可以读读先师们的报国故事，也可以看看先师们的点滴小事。从中你一定会被老先生们的人格魅力所感染，一定会从他们的治学理念、做事方法中汲取到精神养分。

2020 年 7 月 9 日

前言

2020年是同济大学交通运输工程学院建院20周年，更是交通学科创立106周年。两年前学院决定整理学科发展历史。其中，创办各系的先师们的事迹成为浓墨重彩的一部分。

学院组织各系走访了老教师们。从他们的回忆中找到点点滴滴。在同济交通学科发展的106年中，早期教师的事迹仅能从不多的史料中发掘，略识之无。而能清晰追忆者，则最早可溯至1952年全国高校院系调整时期创建铁路公路系的前辈泰斗们的事迹。

起先，在姚祖康、吴承志、赵学勐等的发起下，经历过铁路公路系初创阶段的部分老教师和校友们认真回忆、满怀深情地撰写了他们比较熟悉的翁朝庆、陈本端、龚雨雷先生的纪念文章。在整理文章的过程中，老先生们还寻访了几位先师的家属后人，邀请他们共同执笔。学院则积极配合，由在职教师们协助查阅档案资料、编排文稿。整整一年多的时间，反复修改，三位先师的纪念文集终于作为内部交流稿付印，并很快再印三印。

整个学科的历史及故事尚处于不断挖掘的进程之中。本书仅涉及创立同济道路工程与铁道工程的先师们，同时代起步发展的交通工程、交通运输等系科前辈的事迹尚在继续梳理中。然而终究年代久远，难以忆及全体先师，编委会商议以史料相对丰富的童大埙、翁朝庆、陈本端、李秉成、龚雨雷、马地泰等先生的小传和纪念文章为主，以一知万，形成创立道路工程及铁道工程专业的先师们的群像。

因此，本书分上下两篇。上篇偏重史实，介绍自1914年同济大学创立土木系科至1950年代创立铁路公路系期间学科前辈们的总体情况、部分名录、小传及成就，展现先师们的整体面貌。下篇偏重叙事，以童大埙、翁朝庆、陈本端、李秉成、龚雨雷、马地泰六位先师的学生、亲属及同事的纪念文章为主，缅怀诸位先师的点滴细节。在整理中，我们通过寻访、收集和检索，获取到孙章、郦萌、雷晓燕、马德埒等先生早先撰写的纪念文章，一并收入文集。

在本书编写过程中，姚祖康、杨佩昆、吴承志、赵学勐等老先生奋力执笔，汪光焘先生、唐伯明先生等热心校友真情助力，学院退休教师与在校师生广泛参与，先师的亲属们积极支持，同济大学档案馆、同济大学校史馆、青岛市档案馆、复旦大学档案馆、上海交通大学交通运输工程系倾力相助，对此一并表示衷心感谢。

本书编委会
2020年7月

莫叹韶华容易逝

童大埙（铁道工程）

翁朝庆（道路工程）

陈本端（道路工程）

李秉成（铁道工程）

龚雨雷（道路工程）

马地泰（铁道工程）

目录

下篇　尊前谈笑人依旧

上篇

传记须添十九贤

追溯同济大学交通运输工程学科106年的发展历史，无数交通人筚路蓝缕艰苦奋斗，风雨兼程春华秋实，为学科发展做出了卓越贡献。我们汇集了20世纪50年代全国高校院系调整时期汇聚到同济大学土木系并与交通运输工程学科有关的骨干教师名录。因年代久远，很多史料一时之间难以集齐，故本书仅以童大埙先生、翁朝庆先生、陈本端先生、李秉成先生、龚雨雷先生、马地泰先生为代表，梳理了六位先师的生平传记，从中略窥学科发展早期前辈们的事迹与精神。编者谨记，其他先师们的事迹亦须陆续还原，以展现交通运输工程学科在整个发展过程中全体交通人为之所做出的努力。

学科早期代表教师撷英

1909 年，青岛德华大学（Deutsch-Chinesische Hochschule，又称德华特别高等专门学堂）兴办并设立工科建造专门科，1914 年部分师生迁往上海的同济德文医工学堂，同济始建土木科。同济大学的土木系科及交通学科从 20 世纪初至 20 世纪 30 年代，经历了萌芽与发展，并初具形态。这期间，一批以德国师资为主的外籍专家成为学科发展的柱基石。他们中有德华时期的学堂监督、德国地质学博士格奥尔格·凯贝尔（Georg Keiper）教授，同济工科创始人工科监督、德国特许工程师贝伦哈尔德·贝伦子（Bernhard Berrens），还有带领 30 名德华土木科学生转入同济德文医工学堂的铁路工程与桥梁工程专家格斯科·德贵林（Gesko De Grahl），建筑技术专家 A. 容固（A. Jung），土木与道路工程专家 R. 白德林（R. Beiderlinden），德国特许工程师、曾任同济工科教务长、津浦路北段总工程师的罗马尼亚籍铁道工程及桥梁工程专家威廉·史娄纳（Wilhelm Slotnarin），德国达姆斯塔特工业大学前任校长、曾任同济工科教务长、工学院院长、土木系主任、中国政府铁道部顾问的德国籍教授埃里希·罗鲁（Erich Reuleaux），德国特许工程师土木与道路工程专家约瑟夫·阚尼格（Josef Kienningers），德国特许工程师、道路与测量学专家斐禄

贝伦哈尔德·贝伦子
（特许工程师）
Bernhard Berrens

格斯科·德贵林
Gesko De Grahl

威廉·史娄纳
（特许工程师）
Wilhelm Slotnarin

埃里希·罗鲁
Erich Reuleaux

约瑟夫·阚尼格
（特许工程师）
Josef Kienningers

斐禄维
（特许工程师）
Berlowitz

土木系科及交通学科早期外籍专家

维（Berlowitz），城市交通与道路工程专家瓦尔特·赫司勒（Walter Haasler）等。

1937年同济大学吴淞校区被毁，被迫西迁，之后近10年的时间里，在浙、赣、桂、滇、川等省六次辗转迁移，但仍坚持办学、未曾中断。期间，中国教师临危受命，土木和交通学科得到延续发展，并且沿途毕业沿途招生，不仅为西南地区培养了大批专业人才，也为抗战时期的土木交通建设和学科发展做出了重要贡献。其中，包括曾主

林同炎

倪超

罗云平

吴之翰

管和参加津浦铁路、成渝铁路、抗战战略铁路滇缅路、宝鸡天水铁路等铁路设计施工和隧道、桥梁建设的国际著名华裔美籍结构专家、桥梁工程大师林同炎，代理工学院院长、德国汉诺威工业大学工学博士倪超，德国柏林高等工科大学特许工程师、汉诺威大学工学博士、铁路工程专家罗云平，以及担任铁路学、道路工程等授课教师的吴之翰、蒋铁珊、谈冠雄等。

1946 年，同济大学回迁上海，1948 年在土木系四年级设立道路组，从此交通学科开始了相对独立的发展。复员上海后，土木及交通学科的师资得到了扩充。土木系主任李国豪，专任教授童大埙、吴之翰、金经昌、蒋铁珊等为道路与铁道学科的教学和发展积蓄了力量。

在 1952 年及后续几年的全国高校院系调整中，同济大学成为当时我国规模最大的集土木、建筑、测量工程类学科于一体的高等学校，汇集了来自全国十多所高等学校的一大批著名学者和教授，其中有：李国豪、王达时、杨钦、冯纪忠、童大埙、陈本端、俞调梅、钱钟毅、李秉成、朱宝华、吴景样、谭垣、金经昌、丁燮和、黄蕴元、张国隆、谢光华、马地泰、曹敬康、黄作燊、周方白、朱振德、李寿康、张问清、王兴、裴冠西、祝永年、吴沈钇、周念先、翁朝庆、郑大同、张景丰、黄学渊、陈超、江之永、蒋汉文、孙青羊、王龙甫、康时清、孙绳曾、黄家骅、陈植、罗邦杰、汪定曾、吴一清、陈从周、陈业勋、唐英、陈盛铎、哈雄文、巢庆临、潘承梁、杜庆萱、许应期等教授；还有李德华、王吉螽、罗小未、王轸福、翁致祥、唐云祥、沙庆林、龚雨雷、徐邕生、毛经权、吕益恕等中青年教师。这些人中的大部分是在欧美取得了专业学位，因此他们带来了欧美各学术流派的思想和风格。他们学有造诣，又富教学、科研经验，长期作为教学、科研的主力，不仅带动青年教师成长，也为学科建设奠定了发展基础，为教育事业做出了巨大贡献。当年的院系调整，著名学者和教授在同济大学的汇集，在学术上是欧美各学术流派思想和风格的一次交流和融合。其后，又融合了苏联模式，开启了同济大学土木及交通学科未来几十年的创新发展。

其中，在道路、铁路和城市交通领域颇有专长的教师主要有如下这些。

潘承梁（铁路工程）

1898 年出生，江苏省人。美国伊利诺伊大学研究院研究生，1925 年回国。曾任上海光华大学、交通大学唐山工程学院（现西南交通大学）、东北大学、河北工学院教授，上海交通大学副教授、教授等职。1952 年调任同济大学铁道系教授。教授铁道敷设及站场设计课程。

罗孝登（道路工程）

1904 年出生，福建省人。1928 年毕业于交通大学唐山工程学院（现西南交通大学）土木系。1934 年在长汀厦门大学土木系任教。1953 年调任同济大学道路系教授，1956 年任城建系城建教研室主任，编写了《城市运输》教材。1960 年调任福州大学土建系主任。长期从事公路、桥梁、城市建设方面的设计、科研和教学工作。教授城市运输课程。

陈本端（道路工程）

1906 年出生，江西省人，二级教授。美国密歇根大学研究院土木工程学硕士，1938 年回国。曾任中山大学与上海交通大学教授、重庆交通部成渝公路工程处副总工程师等职。1952 年 10 月进入同济大学，为同济大学道路系和道路专业的主要创建者，教授公路工程学等课程。

赵骅（道路工程、城市交通）

1906 年出生，浙江省人。1954 年调任同济大学道路与桥梁隧道系教授，1956 年任同济大学城建系主任，1960 年以后调任武汉城建学院系主任。编写了《城市道路与交通》教材，教授城市道路与交通课程。

李秉成（铁路工程）

1908 年出生，浙江省人，二级教授。美国康奈尔大学土木工程学硕士，1939 年回国。曾任西北工学院、复旦大学、上海交通大学教授，交通部驻美办事处技术专员，浙赣铁路局顾问工程师等职。1952 年 10 月进入同济大学，为同济大学铁路系和铁路专业的主要创建者，教授铁道定线与设计、铁路养护课程。

金经昌（城市规划）

1910 年出生，江西省人，三级教授。1937 年毕业于同济大学。1941 年在德国达姆施塔特工业大学完成学业并获工程师学位。1947 年进入同济大学任土木系教授，曾任教研室主任，中国摄影协会常务理事，上海市摄影协会副主席。长期从事城市规划、道路交通、给水排水工程的设计与科研工作，主要的研究方向是城市总体规划，曾教授道路工程学课程。

翁朝庆（道路工程）

1911 年出生，江苏省人，三级教授。1933 年于交通大学唐山工程学院毕业。曾任东北大学工学院、上海光华大学及上海市立工业专科学校教授，上海市工务局科长等职。1951 年 9 月进入同济大学，为同济大学道路系和道路专业的主要创建者，教授普通路工学课程。

童大埙（铁路工程）

1911 年出生，江苏省人，二级教授。伦敦大学工程硕士，1937 年回国。曾任湖南大学、上海交通大学、上海光华大学、同济大学教授，滇缅路油管处副处长等职。1949 年 8 月进入同济大学，为同济大学铁路系和铁路专业的主要创建者，教授铁路修筑、隧道工程课程。

马地泰（铁路工程）

1911 年出生，浙江鄞县人，三级教授。1934 年毕业于复旦大学土木工程系，后留校任教。曾任上海交通大学土木系教授，1952 年后任同济大学铁路系教授。为我国铁路线路构造课程奠定了基础，教授铁路工程、结构工程课程。

程良生（道路工程）

1912 年出生，湖北省人。1937 年毕业于上海大夏大学。曾任上海大夏大学助教、讲师、副教授、教授，1951 年后任同济大学土木系教授。教授普通路工学、测量及实习课程。

黄学渊（道路工程）

1917 年出生，江西省人，三级教授。1940 年毕业于美国普渡大学土木工程系，从事公路与城市道路工程专业相关工作。曾任上海工务局第五区工程处工程师，上海市政研究所主任，三级工程师，同济大学路基路面研究室主任，教授级高工，硕士生导师。教授路基路面课程。

龚雨雷（道路工程）

1917 年出生，浙江省人。1942 年毕业于上海交通大学土木系。曾任交通中学教员，上海交通大学助教、讲师等职，1952 年进入同济大学担任讲师，曾任教务处副处长。教授道路工程设计、道路工程学课程。

沙庆林（道路工程）

1930 年出生，江苏省人，中国工程院院士。1952 年毕业于上海交通大学，1957 年获得莫斯科公路学院副博士学位。曾任职于同济大学、交通部公路科学研究所等。长期从事公路路面学研究和工程设计与施工。

童大埙先生小传[①]

(1911—2011)

童大埙

童大埙，铁道工程专家，教育家，二级教授。长期从事铁道工程科学技术研究及教育工作，是我国铁道工程学科建设的开拓者之一，也是我国铁道线路养护维修、铁路现代化的积极倡导者。在教育岗位上工作了五十余年，培养了大批铁道工程技术专家和学者，为我国铁路建设事业做出了重要贡献。

1911 年 8 月 25 日，童大埙出生于上海市崇明县（现为崇明区）。家庭世代以小商贩、手工艺为生，薄有田产。童大埙兄弟姐妹 9 人，他为长子。因不善经营，家道中落，加之人口众多，入不敷出，生活相当困难。

1915 年，4 岁的童大埙进入崇明桥镇初级小学就

① 童大埙先生小传选自谭复兴、雷晓燕所撰纪念文章，编委会整理。

读。1919 年毕业后考入了创建于 1896 年的上海南洋公学（现上海交通大学）附属高级小学预备班就读。该校以勤、俭、敬、信为校训，要求学生把勤能补拙、俭以养廉、尊敬师长、诚信待人作为每个人为人处事的座右铭。该校十分重视师资阵容，老师们讲课都清晰且有条理，这些都为他以后的学习打下了良好的基础。

1923 年，童大埙直升上海南洋公学附中。附中学制为四年，所设的各门课程均较其他同类学校的同类课程艰深，任课教师均为国内知名人士，要求非常严格，每年的淘汰率也很高。这为他日后进大学听外籍教师授课、阅读外文书籍以及出国留学打下了扎实基础。1925 年，上海发生了震惊中外的“五卅惨案”，他参加了游行，并走在队伍的最前列，行经南京路时，队伍被逼后退，他眼见十多位爱国志士倒在血泊之中。经过这次血的洗礼，童大埙进一步认识到国弱受人欺，也看清了帝国主义的狰狞面目，这增强了他发奋学习、富强中华的坚强意志。

1927 年，童大埙直升上海南洋公学本部。当时正值北伐战争胜利，南京国民政府成立了铁道部，南洋公学改名为铁道部交通大学。童大埙原来的志愿是学习电机，后响应政府号召，改学土木工程，校方对土木工程的学科建设十分重视，除增添大量图书及仪器设备外，还礼聘国外专家 2 人、国内专家 10 余人，分别承担各门课程的教学工作，这使童大埙获得了将来能学以致用的实际知识和外语的听、说、读、写能力。童大埙在大学学习期间，家庭经济条件并不宽裕。他学习刻苦、勤奋，成绩优异，曾获民六奖学金，还利用课余时间在附近正风中学兼课，将所得酬金用于继续攻读，借此也锻炼他的教学能力。

1931 年 7 月，童大埙大学毕业并获土木工程学士学位。由铁道部分配至北平平绥铁路局工作，平绥铁路局地处燕山山脉，条件很差，但童大埙不畏艰难，积极投身于生产第一线，先被分配至第一工务段西直门工程处实习，期满后升工务员，改调张家口工务段工作。童大埙在北平平绥铁路局工作期间，除了做好本职工作外，还撰写了两篇论文，并受到嘉奖。

1934 年春，童大埙参加了在北平清华大学内北平试区举行的第二届中英庚款留英公费生考试。当时报考铁道工程的人数很多，而录取名额只有一个，竞争相当激烈，最终他以总分第一的成绩被录取。童大埙在英国留学三年，前两年半在伦敦大学帝国理工学院就读。这是一所历史悠久、举世闻名的高等学府，童大埙进工学院土木系攻读研究生，导师是颇负盛名的 A.J.S.Pippard 教授。他是结构理论尤其是特种结构（例如航空器结构）理论方面的专家，享有英国皇家学院院士（Fellow of the Royal Society，FRS）荣誉称号。童大埙于 1937 年春通过答辩，获帝国理工学院校长授予的工程硕士（Master of Science，M.Sc）学位。结束了在英国帝国理工学院的学习生涯后，因考虑还需要充分的实践知识才能回国参加铁路建设，于是经驻英大使馆及驻德大使馆介绍，先后在英国各铁路公司及德国各铁路局参观考察，从中获益良多。

1937 年夏，童大埙应长沙国立湖南大学之聘，任土木工程系教授，讲解铁道工程各门专业课程。同年 7 月底从英国出发，经巴黎、罗马到威尼斯搭乘意大利邮轮 Count Verdi 号回国。在经印度洋途中，从广播获悉，“八一三”事变爆发，淞沪处于炮火之中，他改从香港登陆，经广九、粤汉、湘鄂铁路到达长沙湖南大学报到。

1939 年春，湘鄂战事吃紧，湖南大学西迁辰溪，师生星散，被迫停课，前平绥铁路局长沈昌出任昆明叙昆铁路工程局局长，邀童大埙前往共事。童大埙只得告别向往的教育工作，于1939年秋携眷跋涉千里赴昆明，先后任叙昆铁路工程局副工程师、弥渡滇缅铁路工程局正工程师、重庆交通大学土木系教授、中央设计局交通组专门委员及昆明滇缅公路油管工程处副处长等职务。1945年，日本被迫无条件投降，童大埙进教育部任高等教育司帮办（相当于副司长）之职，直到1949年5月上海解放。

1949年8月，童大埙进入同济大学土木系任教。50年代初期参与了院系调整及铁路公路系筹建。1958年4月，任铁路、公路与桥隧系主任。1956年，他加入了中国民主同盟，先后担任上海同济大学民盟支部主委，民盟上海市委委员、常务委员、民盟上海市委顾问。1959年12月，童大埙被提名为上海市政治协商会议第二届委员会委员，之后又被选举为第三至第六届委员会常务委员。从第七届委员会开始，改任上海市政协之友社理事，后为该社名誉理事。上海市铁道学会成立后，童大埙被推选为第一届及以后各届理事会常务理事，之后还担任了该会荣誉理事。

此外，童大埙曾被铁道部铁道科学研究院聘任为第三及第四届学术委员会委员及第五届学术委员会名誉委员。还曾先后被聘任为上海市高等学校土建学科教授职称评审组成员及工科院校办学水平试点专家组成员等。

1973年6月，专业几经调整后，童大埙随铁道专业连队由同济大学调入上海铁道学院。1987年9月，童大埙在上海铁道学院办理了退休手续，之后又被土木工程系返聘为教授，仍兼轮轨系统研究所名誉所长一职。1995年，上海铁道医学院与上海铁道学院合并，改称上海铁道大学，童大圻又被指派为校咨询委员会副主任委员。

1977年，童大圻被评为上海市科技先进工作者。1992年，由国务院颁发证书，童大圻享受政府发给的特殊津贴。

2011年2月11日22时37分，童大圻先生因病医治无效，在上海华东医院逝世，享年100周岁。

一、理论实践结合解决工程难题

童大圻大学毕业后在北平平绥铁路局工作，平绥铁路是原京张铁路的延伸，当时已通车至包头。京张铁路是由我国著名铁路工程师詹天佑主持修筑，没依靠外援。其中，关沟段之险要以及勘测设计构思之巧妙，都是值得世人称道的。在平绥铁路工作，不啻是给童大圻上的一堂爱国主义教育课。在上级领导的热情鼓舞下，童大圻不仅努力做好自己的本职工作，还利用业余时间，走遍铁路沿线，深入调查研究，先后完成两篇论文，一篇是《平绥铁路沿线钢板梁桥的加固问题》，另一篇是《铁路沿线的坡度削减问题》，均受到路局的重视，经评审，分别获得全路最高一等奖和三等奖，并颁发奖杯作为纪念。时隔60余年翻开童大圻的旧作，可以看到他当时在论文中关注的铁路沿线钢板梁桥的加固问题，如今依然存在于中国的铁路线上，他提出的加固方案对指导今日的工程实践仍有一定的现实意义。童大圻收集了大量现场资料，指出铁路路基不需要“尽量”加宽、坡度也不需要“尽量”减缓，铁路路基应该有一个合理宽度，并且应该根据路基填料的内摩擦角决定路基边坡坡度，从而减少铁路建设不必要的投资。

童大圻认为从事土木工程的人，除了要有坚实的理论基础外，还必须有实践经验。他教导同学们要下到生产第一线，向生产工人学习，在实际工作中汲取经验。在同济大学教授铁道工程课时，他非常注重课程实习，无论条件多差，每次实习他都带队前往。他带领学生细心观察施工人员的操作，了解施工现场的具体情况，钻研新的施工工艺，并和学生一起吃在工地、住在工地，给学生起了很好的表率作用。童大埙是土木工程方面的知名专家学者，在现场工作的技术人员许多都是他的学生，但他非常平易近人，从来不摆老师、教授的架子，和大家一起讨论时，也会耐心地解答生产中遇到的各种问题。他认为参加学生的实习对他自己而言也是一个极好的再学习机会。听过他课的学生们和老师们都说他的讲课永远是“新鲜”的，跟上时代步伐的。

“文化大革命”后，童大埙已年过古稀，但他下定决心要加倍地工作，把失去的时光重新补偿过来。1981 年，杭州艮山门车站试铺三开道岔，由上海铁道学院做现场测试。三开道岔是为了解决调车场长度不够而设置的道岔设备，技术难度比普通单开道岔大，由于在我国铺设得并不多，因而没有足够的试验数据和铺设经验。为了了解三开道岔存在的问题，童大埙不顾其他老师的劝阻亲临现场，参加了测试的全过程，并对三开道岔可能出现的问题提出了见解和建议。历时两周的测试试验很成功，并得到了铁道部的嘉奖。这次试验是我国铁路在运营现场对三开道岔所做的第一次比较全面的测试，取得了宝贵的第一手现场试验数据和铺设经验，对以后如芜湖铁路轮渡等三开道岔的铺设有非常重要的参考和借鉴意义。

小半径曲线磨耗问题一直是困扰既有线铁路正常运营的难题，特别在三大干线上问题更突出。干线客货运输非常繁忙，但是线路标准并不高，有多处小半径地段存在，有的地段新钢轨上道 3 个月就成了重伤钢轨，需要更换。童大坰认为小半径曲线磨耗问题既有车辆的原因，又有线路的原因。1986 年，上海铁道学院和济南铁路局共同在济南局管内进行小半径曲线磨耗整治试验，童大坰深入试验线路了解试验的具体情况，和试验组共同讨论，提出曲线的圆顺度的好坏直接影响曲线钢轨磨耗的观点，并提出改变轨底坡等措施来改善轮轨的接触条件，最终试验研究取得了成功。

经济的发展必须有相应的交通运输手段相适应，童大坰多次提出既有线铁路特别是干线铁路行车速度应该提高，以适应经济高速发展的需要。在分析了我国轨道结构的具体情况，并借鉴国外铁路经验后，他认为对现有的铁路设备如道岔、小半径曲线略加改造，行车速度就能提高。他同时呼吁，根据中国的国情，中长途客运应该发展高速铁路，这不但是社会发展的需要，也体现了一个国家的综合经济实力。他在各种会议、各种场合积极呼吁建设中国特色的高速铁路。

二、辛勤耕耘致力铁道工程学科发展

童大坰大学刚毕业在张家口工作期间，就在当地高等职业学校兼课，教授英文及数学，一方面解决了当地师资缺乏的难题，一方面也锻炼了他日后长期从事教学工作的分析讲解能力。

1937 年，童大坰从英国留学回来后，在湖南大学教授本科三、四年级有关铁路方面的课程，如铁路测量、铁路工程及铁路养护课程等的讲授及辅导工作。面对莘莘学子，他精心备课，默默试讲，唯恐稍有疏忽，误人子弟，课余同学都爱到他宿舍和他切磋当日的课程，亦师亦友，相处得非常融洽。一年过去了，师生们都对他的教学工作相当满意。校长皮宗石还对他做了额外加薪的鼓励。

童大埙在叙昆铁路工作期间，大部分时间任测量队长，进行线路的最后勘测定线工作，工作时断时续，因而有大部分时间在威宁休整，复习功课，编写论文，并为来段实习的大学生进行辅导。

1941 年年底，叙昆铁路全面停工，童大埙受聘任重庆国立交通大学土木系教授，负责土木系高年级路工组学生的教学及辅导工作。他认真编写教案及准备讲授提纲，深受学生爱戴。这也为之后编写教科书打下了基础。

1949 年秋，童大埙受聘任同济大学土木系教授，主讲与铁道工程相关的各门课程。重执教鞭是童大埙的夙愿。当时各所大学的专业教材，少数借用国外，主要是美国的，绝大多数是自编，但由于缺乏参考书和实践经验，往往失之偏颇。要改变这种局面，童大埙认为大学教科书必须全部由自己编写。他用了 3 年左右，完成铁路专业《铁路曲线及土方》《铁道工程学》《隧道工程学》3 种教科书的编写工作。童大埙白天上课，课余准备讲稿，晚上整理书稿，这样采取边讲、边写、边改的方法，结合他先前已完成的初稿和铁道部最新颁布的规章，于规定的约稿期限内先后完成全部书稿，并于 1951 年至 1953 年分别出版发行。它们是我国学者根据中国国情撰写的第一套铁道工程专业的论著，既解决了大学学生教材的需要，又为我国铁道工程建设提供了理论依据，深受读者的欢迎。

20 世纪 50 年代初，各校兴起了学习俄语的高潮，童大埙努力自学，达到了能借助字典，阅读一些俄文书刊的能力，并应出版社之邀，翻译了一些俄文书刊，如《苏联铁路员工技术手册》(五卷) 等。之后又因教材的需要，编写了《铁道线路业务及机械》一书，内容大部分取自苏联大学教科书，同时融入了中国实际。这些译著成为当时高校教学及工作现场重要的参考资料。

在同济大学工作期间，童大坝先后担任土木系教授、铁道工程系副系主任，1956 年被正式评为二级教授。1959 年起被任命为铁路、道路及桥梁工程系（简称路桥系）系主任。1966 年，“文化大革命”

轮轨专家童大埙教授在实验室指导青年教授

“文化大革命”后第一届铁道工程硕士生雷晓燕毕业论文答辩
（答辩老师：左起：王午生、毛经权、童大埙、徐次达）

开始，童大埙被迫离职，被隔离审查长达10个月之久，直到1971年，学校开始招收第一批工农兵学员，才让童大埙重返讲坛。1973年，奉上级命令，同济大学铁道工程专业并入上海铁道学院，童大埙开始了新的教学生涯。

20世纪70年代以后，童大埙深感我国科学技术落后于发达国家，铁道工程也不例外，先进国家已经从传统的轨道结构向新型的轨道结构发展，并对轨道力学从轨道本身发展到轮轨的相互作用，计算荷载从静态、准静态发展到了动态和随机性，分析方法也从解析法发展到了有限元和边界元方法。为急起猛追，童大埙组织教研组同仁翻译出版了美国普林斯顿大学编辑出版的《轨道力学及轨道工程》论文集，以认识各国对这门学科发展的新情况，并在此基础上，结合从各杂志及书刊上发表的有关论文，为研究生开设“轨道力学”选修课。童大埙是将轨道力学引进我国的先行者，用数学、力学、实验力学方法研究铁路轨道，为我国铁路大提速以及高速铁路的发展提供了理论依据和方法。

在同济大学及上海铁道学院工作期间，童大埙曾先后培养了7名研究生，他严谨的治学态度给他们树立了榜样，这些研究生后来都成为教学、科研和管理部门的骨干，为我国铁路建设事业做出了突出贡献。年过七旬的童大埙依然上讲台给研究生和教师讲授轨道力学、专业外语，给研究生批改译文，审定文章，还带领研究生到沪宁线、杭州艮山门试验现场参加实践。

1984年，童大埙受铁道部高校专业教材编委会的委托，主编《铁路轨道》新教材。为集思广益，特请西南交大王其昌副教授、北方交大颜秉善教授及上海铁道学院王午生副教授为协编。该书于

1987 年 9 月定稿，1988 年年初正式出版发行，受到各界的好评和铁道部的嘉奖。之后为了满足学生学习英语的需要，并促进对外学术交流，童大埙又花费了一年的时间把这本教科书全部翻译成英文，名为 *Railroad Track*。这是我国铁道工程专业第一部自编的英文教科书。

在上海铁道学院，与机械车辆系合作，筹建了铁路轮轨系统研究所，由童大埙担任名誉所长，铁路轮轨系统研究所在机车车辆与轨道之间的相互作用方面，进行了广泛深入的研究，发表了许多较高水平的论文，取得了丰硕的成果。这在当时部属院校之中也属创举。

童大埙认为机车车辆与轨道组成的系统是非常复杂的，对这个系统的理解和分析除了用轨道力学的理论作为基础外，还必须用试验研究的数据进行验证，建立完善的实验室，并组成精干的试验队伍经常到铁路现场做测试。为此，他不顾年迈体弱，从试验台和模拟轨道的建设，到仪器设备的选择，无不事必躬亲。使上海铁道学院轨道结构试验室的模拟轨道试验台具有和现场铁路相似的轨道结构参数，并能在 X，Y，Z 三个方向施加动静荷载的功能，在当时全国铁路范围内处于领先地位，即使以现代观点来看还是比较先进和实用的。

在从事轨道科学研究的同时，童大埙也充分认识到在现场从事普及工作的必要性。1976 年，南昌铁路局准备在上饶举办一次工务人员学习班，童大埙应邀亲赴上饶担任教学工作。教材临时编写，采用现场教学的方法，边教边练，如有疑问，可以随时质疑，务求学懂为止。经过一个多月的培训，达到了预期的目的。在此基础上，童大埙编写了小册子《铁路轨道基本知识》，由人民铁道出版社出版，深受全路广大工务工作者的欢迎，发行量逾 5 万册，1997 年又出版了该书的第三版。

三、刚直不阿光明磊落

童大埙一生刚直不阿，光明磊落，为了自己的事他从来不向领导提出任何要求，但为了工作、为了学生，他敢作敢为。

1959 年，他被任命为同济大学路桥系的系主任。当时非部属学校有铁道工程专业的只有同济大学，而每年培养的人才，无论在数量上还是质量上都不亚于其他部属学校，各路局对同济历届毕业生均有好评。周总理在沪召开的一次高教界座谈会上，童大埙慷慨陈词，强调部属与非部属学校在某些具体问题上，应受到同等待遇的必要性，如参加铁道部召开的有关教育及科研工作会议，分配教育及科研任务，及时收到有关制定及更改各种规范及规程的文件，密切与各路局之间的联系，保证现场参观实习的实施以及师生出差应享受同样的免票待遇等。总理嘱咐秘书一一记录，并答应回京后研究解决。事后，他提出的各项建议先后均得到落实。周总理的热情和关怀，使同济大学路桥系的办学条件得到大大改善。

童大埙从 1945 年年底参加教育部工作一直到 1949 年 5 月离开，先后为教育部办了两件大事：一是办理 1946 年全国公费留学生的统考工作；二是主持行政院善后救济总署对各高等院校善后救济物质的储存、分配及发送工作。名义上他是为南京国民政府效劳，客观上却为新中国造就了一批又一批人才和为各高等院校争取到一批批适用的仪器设备。抗战胜利后，南京国民政府为粉饰太平，决定举行一次全国性的出国留学人员考试，由教育部主办，各省市提出需要的报考学科及名额，一切大政方针均由留学生考试委员会决定，事务性工作由直属的办公室办理。童大埙被指派为办公室主任，深感责任重大，如履薄冰，不敢有一丝疏忽。考试分 8 个区，报考学生逾千人。办公室必须根据考试学科门类及应考人数做好各门课程的命题、印制及密封试卷等各项工作。不仅工作量大，而且保密性强，不容许在任何环节或任何人员手上发生泄密事件。为此，童大埙为工作人员制订各自的工作守则，明确职责，并尽量增加内部的透明度，少数工作还必须由童大埙一人经手，确保万无一失。考试结束后，全部试卷运回南京进行评分、登记及考试总分的统计工作，最后由考试委员会在超过录取分数线的试卷中，进行拆封及最后的选拔工作。根据择优录取、宁缺毋滥的原则，决定录取人选。在这次考试中被录取的出国留学生近百名，其中大部分学成回国，为国效劳，也有少数仍在国外，作为华裔学者，继续为祖国增光。

童大埙在这次考试的组织过程中，因工作认真、成绩显著，受到教育部的表扬，晋升一级，得到行政院的明令嘉奖。

四、促进学术交流增进国际友谊

1982 年 10 月，童大埙应美国铁道工程协会（American Railroad Engineering Association）的邀请，赴美参加该协会在新奥尔良城（New Orleans）举行的年会，并在会上作题为“Distribution of Temperature Stresses along the Continuously Welded Rail Track”（焊接长钢轨温度应力的纵向分布）的学术报告。当时，铁道科学研究院及一些铁路高校与铁路的现场部门一起合作，对此课题进行了大量研究与试验，取得了不少举世瞩目的成果。为了写好这篇文章，童大埙花费了近半年时间，参考国内外有关文献，几经易稿，还拍了大量照片，如长钢轨的焊接、储存、运送、养护以及维修的全过程，有的照片须深夜在现场拍摄，非常艰辛。为了取得良好的发言效果，童大埙反复推敲，力求言简意赅，口齿清晰。经过长时间的精心准备，最终童大埙在台上作报告时非常得心应手，受到与会者的高度评价，美国铁道工程协会执行董事施奈札（L.T.Cerny）先生授予童大埙大型重金属会徽一枚作为纪念。报告全文刊登在该会 1983 年第 692 期会刊上，并且童大埙被邀请为该会的海外会员。在此期间，童大埙还受铁道部的委托，出席在科罗拉多斯普林斯（Colorado Springs）举行的第二届国际重载铁路会议，并承留美同学戴忠及旧金山圣荷塞大学 Venuti 教授的邀请和陪同，先后访问了旧金山加州大学伯克利（Berkley）分校、圣何塞（San Jose）分校、斯坦福（Stanford）大学、科罗拉多（Colorado）大学及 Derby 分校、芝加哥伊利诺伊（Illinois）大学、纽约哥伦比亚（Columbia）大学等著名高校以及美国 American Rallroad Association 铁道科学研究所环形试验道和多个大中小城市，既开阔了眼界，又结识了一批新老朋友。

1994 年 5 月，童大埙应日本友人冈田宏的邀请，偕同夫人一起赴东京参加法政大学举办的高速交通研讨会，并在会上作了关于我国高速铁路发展前景的发言。冈田宏系日本铁路界知名人士，曾任日本铁路海外技术协力协会理事长，日本土木工程学会会长，工学博士。童大埙和冈田宏是在上海举办的一次学术研讨会上认识的，彼此用英语交谈，一见如故，成为了忘年之交。现在由冈田宏和日本法政大学广冈治哉教授共同发起的中日高速交通研讨会，对促进中日文化交流起到一定的推动作用。

生平简历

1911 年 8 月 2 日	出生于上海市崇明县（现为崇明区）
1915—1919 年	崇明桥镇初级小学学习
1919—1923 年	上海南洋公学（上海交通大学的旧称）附属高级小学学习
1923—1927 年	上海南洋公学附属中学学习
1927—1931 年	铁道部交通大学学习，获毕业证书及土木工程学士学位
1931—1932 年	平绥铁路管理局（北京）西直门工程处实习生
1932—1934 年	平绥铁路管理局张家口工务段工务员
1934—1937 年	英国伦敦大学帝国理工学院研究院学习，获毕业证书及工程硕士学位，英国及德国铁路参观考察
1937—1939 年	长沙国立湖南大学土木工程系教授
1939—1942 年	叙昆铁路工程局第八总段副工程师、第三十一分段长、滇缅铁路工程局总工程师室正工程师
1942—1944 年	重庆国立交通大学土木系教授兼中央设计局交通组专门委员
1944—1945 年	昆明滇缅公路油管工程处副处长
1945—1949 年	教育部高等教育司帮办
1949—1952 年	同济大学土木工程系教授
1953—1957 年	同济大学铁路系教授（二级）
1958—1973 年	同济大学路桥系教授兼系主任
1973—1987 年	上海铁道学院（现为同济大学沪西校区）土木工

程系教授、轮轨系统研究所名誉所长

1987年9月　　退休

1987年9月　　返聘为上海铁道大学土木工程系教授、校咨询委员会副主任委员

2011年2月11日　逝世

主要著（译）作及学术论文

[1] 童大埙. 铁路曲线及土方［M］. 上海：龙门联合书局，1951.

[2] 童大埙. 铁道工程学［M］. 上海：中国科学图书仪器公司，1951.

[3] 童大埙. 隧道工程学［M］. 上海：中国科学图书仪器公司，1952.

[4] 童大埙. 俄华土木工程词汇［M］. 上海：中国科学图书仪器公司，1953.

[5] 童大埙. 铁道线路业务及机械（上）［M］. 上海：科技出版社，1956.

[6] 童大埙. 铁道线路业务及机械（下）［M］. 上海：科技出版社，1956.

[7] 童大埙. 苏联铁路员工技术手册五卷三册（中译本）［M］. 北京：人民铁道出版社，1955.

[8] 童大埙. 苏联铁路员工技术手册五卷五册（中译本）［M］. 北京：人民铁道出版社，1956.

[9] 童大埙. 轨道力学及轨道工程（中译本)[M]. 北京：中国铁道出版社，1983.

[10] 童大埙. 铁路轨道基本知识 [M]. 北京：中国铁道出版社，1977.

[11] 童大埙. 铁路轨道 [M]. 北京：中国铁道出版社，1988.

[12] TUNG Da Xun. Railroad Track [M]. 上海：上海铁道大学出版社，1989.

[13] TUNG Da Xun. Distribution of Temperature Stresses along the Continuously Welded Rail Track [C]. //American Railroad Engineering Association，1983.

童大埙先生先后为《辞海》《中国大百科全书土木工程卷》《土木建筑工程词典》《现代科学家传记》编写有关的条文和文章。

童大埙所著的《铁道工程学》

翁朝庆先生小传[①]

(1911—1981)

翁朝庆

翁朝庆，新中国道路工程专业创始人之一，三级教授。抗日战争时期，他在艰苦环境下参与建设西北公路以保障战略物资运输。新中国成立后，他在同济大学专心投入科研与教学工作，是同济大学铁路公路系筹备人，提出了路基路面综合设计理论与方法，开设了道路建筑、路基路面工程等课程，为祖国培养了大批栋梁之才。

一、名门之后

中国近代史中，有不少翁氏族人出现，其中以翁同龢（1830—1904）最为著名，他是咸丰状元，也是同治、光绪两朝帝师，历任清廷数要职，力荐康有

① 翁朝庆先生小传由姚祖康收集资料，杜晓博、刘晓彤编辑，编委会整理。

为、梁启超等人变法维新，主张光绪皇帝亲政。翁朝庆是翁氏家族“庆字辈”后人，是翁同龢下四代的侄孙辈。

翁朝庆还是中华民国“开国元勋”徐绍桢的外孙。武昌首义后，徐绍桢率江浙联军光复南京，孙中山曾挥毫一书“天下为公”赠予他。翁朝庆的父亲翁之毅是徐绍桢统领的新军第九镇参谋官，深得徐绍桢赏识，于是徐绍桢便将其三女儿许配给了他。

可以说，翁朝庆先生的家族深刻地参与了近代中国的历史进程。

二、辛亥之子，襁褓失怙

1911 年（辛亥年）农历二月十四，翁朝庆生于南京市棉鞋营。1911 年 6 月，当翁朝庆仅四个月大时，他的父亲因肾病去世。在这之后，他先是随母亲依靠外祖父徐绍桢度日八年（1911—1918）之久，而后，1918—1933 年，母子二人又依靠在徐绍桢帐下任参谋官的伯父翁之麟（翁之毅亲哥哥）度日。

三、学生时代

1916—1922 年，翁朝庆先后在上海、北平读小学，1922 年毕业于北平师大附小，同年升入北平师大附中学习，其后又转入沈阳省立一中和天津南开附中学习，1927 年于天津南开附中毕业。1927 年考入交通大学唐山工学院预科学习，1929 年进入交通大学唐山工程学院土木系本科学习，1933 年本科毕业。

翁朝庆青年时期（左二）与堂弟妹

四、扎根西北，支援抗战

大学毕业后，在翁朝庆的面前有两条路可以选，一条路是留在日据地区，找个工作，安家度日；另一条路是跟随政府到后方去。面对国家危难，他毅然决然地选择了后者，在与妻子金学溪结婚后，先回到南京，后经国民政府全国经济委员会赵祖康先生推荐去河南省建设厅工作。随后调去甘肃等西北几省，在西（安）兰（州）、西（安）汉（中）、甘（肃）青（海）和天（水）凤（凤县）等公路部门工作，在艰苦的环境下建设西北公路，保障战略物资运输。在此期间，翁朝庆在西安被聘兼任内迁之东北大学工学院教授，

翁朝庆与金学溪订婚照

开启了他的教学生涯。

五、抗战胜利，调回上海

1945 年，抗战胜利后，翁朝庆携妻儿回到上海，在政府机关任职。随后为求生计开办了新艺建筑师事务所，曾先后设计了天利氮气厂、上海造漆厂和一些纺织企业和学校校舍建筑。在此期间，他还被光华大学理学院、大同大学、市立工业专科学校、华东交通专科学校聘任为土木系教授，继续其教书育人的工作。

六、新中国成立初期

1951 年，翁朝庆进入同济大学担任土木系教授一职，同时还兼任华东交通专科学校土木科教授，大同大学教授。

金学溪（妻）、翁祖平（子）、翁朝庆（1946 年）

1946 年翁朝庆在上海

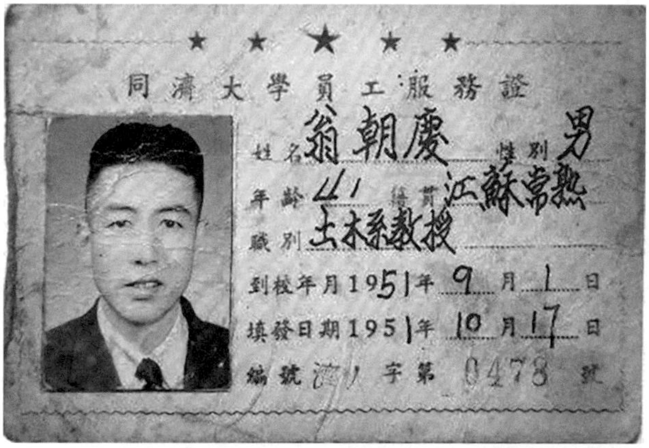

翁朝庆在同济大学的工作证

在同济大学任职期间，翁朝庆曾任铁路公路系筹备人、道路教研组主任，开设了道路建筑、路基路面工程等课程，并于1955年，招收了道路专业首批四年制副博士研究生3名（1956—1957年间因国家不考虑设立学位制而取消副博士名称），1959年、1962年和1964年，又分别招收了5名研究生。

1956年翁朝庆带领研究生开展黄土调查（西安）
（左起：赵学勋、陈德坤、翁朝庆、王哲人）

如今在道路行业备受尊崇的著名学者姚祖康、赵学勐、王秉纲、舒自桓、吴承志等皆是出自翁朝庆先生的门下。

1957 年黄土调查组全体成员合影（陕西子长）
（前排左起：王清图、陈露、翁朝庆；后排右二：陈运理，右三：赵学勐）

1959 年黄土调查课题组人员合影（西安）
（中排左七：翁朝庆；前排右二：姚祖康，右五：赵学勐）

据姚祖康回忆，他认为在他接触到的多位先生中，翁朝庆是最勤奋的一位，他不辞辛劳地收集、阅读和翻译大量国外新近的技术文献。只用了二十来天，就翻译了苏联教材和研究论文，还自编了《路基设计与建筑》《道路路面设计》等教材，总共有十几种，工作量相当大，翁朝庆基本都是白天上课，夜间和节假日做着编、译、著工作。

1957年夏，翁朝庆在复兴路的家中伏案笔耕

翁朝庆与1961年应届毕业生合影

（前排左四起：朱以敬、姚祖康、翁朝庆、徐元立、徐伯樑、不详、陈本端、张廷楷、不详、严家伋、易建国）

1964年年初，外文书店出售美国州公路官员协会（American Association of State Highways Officials，AASHO）道路试验的《路面研究报告集（1962）》的影印本，翁朝庆为了使同行们能参阅学习，开拓设计思路和方法，迅即投入大量精力，翻译了这本厚达352页的报告集。

翁朝庆著译的部分教材和资料

翁朝庆不仅在学术上勤勉严谨，在生活上对学生也是关怀备至。

据舒自桓回忆，当年他毕业后分配到空军工程设计研究局工作，在入伍体检时，发现患有肺结核病，情绪十分低落。翁先生得知这一消息后，给他写了一封多页的信，信中告诉他首先要从思想上克服对病的恐惧，有战胜疾病的信心，然后向他介绍生活中如何从吃饭、睡觉、运动等方面进行养生保健，积极配合治疗等相关知识。

翁朝庆的研究生王秉纲读研期间正值国家经济困难时期，物资短缺，供应紧张，生活受到影响。翁先生知道后，每逢假日便慷慨地用国家照顾高级知识分子的特殊供应，招待学生们到大饭店享用。在当时饭都吃不饱的情况下，能享受到大餐美食，特别难得，让王秉纲至今难以忘怀。

但就是这样一个对学生十分慷慨的老师，自己平日里的生活却是极其简朴。当年翁朝庆在同济大学任教，家住复兴中路，离学校较远，教务处便安排他上上午第三、四节课。他到学校总是带着一只小布袋，内放 2 磅热水瓶一只，再带一个面包。热水瓶盖权作水杯。面包和白开水就是他的午餐。

七、“文化大革命”时期

1966 年夏天“文化大革命”开始，翁朝庆先生 55 岁，他被冠以

翁朝庆与 1966 届毕业研究生合影

（前排左八：翁朝庆，前排左十一：李国豪；中排左五：杨家琪；后排左三：吴承志）

1967 年翁朝庆在上海襄阳公园

“资产阶级反动学术权威”的名头。这给翁先生带来了巨大创伤，他被迫停止教学工作，没法指导进修教师，更不能招收研究生了。因当时翻译的 AASHO 设计方法采用了 PSI（路面服务能力指数）作为设计指标，在“文化大革命”中还有人批判说这是在鼓吹主观唯心论。

1966—1974 年，翁先生前后八年无所事事，只有挨批斗，劳动改造。

王秉纲回忆其与先生的最后一次见面。那时是在“文化大革命”中，他出差上海，顺便浏览同济校园。见到一群老人在劳作，偶然发现翁先生在其中，上前问候。先生回答，“你快离开，免得受连累”。王秉纲内心一阵酸楚，没来得及说一句宽慰话，先生便离去，回到了劳动队伍。

这就是中国知识分子，自己落难还想着他人，可悲、可爱、可敬！

八、发挥余热

1975 年冬翁朝庆在复兴中路家中

1974 年翁先生主动提出退休（时年63岁）。1974—1981 年，他被聘任上海科技情报研究所、上海房管局科技情报站顾问。1981 年 2 月 17 日，因肺源性心脏病逝世。

翁朝庆为中国的道路工程事业奉献了一生，为祖国培养了不少学术栋梁和优秀人才。现如今，翁先生的学术后辈们在道路交通行业继续发扬着先生的奉献精神，为我国的交通事业发展做出巨大贡献。

生平简历

1911 年农历二月十四　出生于南京市棉鞋营，祖籍江苏常熟。同年 6 月，父丧，随母先后寄居外祖父和伯父家

1916—1922 年　先后在上海、北平读小学，北平师大附小毕业

1922—1926 年　先后在北平师大附中、沈阳省立一中和天津南开附中就读

1926—1929 年　交通大学唐山工程学院补习班、预科学习

1929—1933 年　交通大学唐山工程学院土木系就读，本科毕业

1933 年 10 月—1934 年 4 月　河南省建设厅工务处工务员

1934—1937 年　全国经济委员会公路处副工程师

1936 年 3—5 月　西安东北大学工学院兼职教授

1937 年 12 月—1939 年 6 月　甘肃省建设厅工务处天凤公路工务厅工程师、工务科科长、主任工程师

1939—1942 年　交通部公路总管理处西北工程处主任工程师

1942—1945 年　在兰州自营开办兰州志成工程事务所、营造厂，主任技师兼经理

1945—1948 年　上海市工务局科长，兼任光华大学教授

1948—1951 年　上海工业专科学校及光华大学教授，并开办上海新艺工程师事务所，担任技师

1951—1952 年　同济大学土木系教授，兼华东交通专科学校土木科教授、大同大学教授

1952 年 9 月—1974 年 8 月　同济大学教授，曾任铁路公路系筹备人、道路教研组主任，教授道路建筑、路基路面工程等

课程

1955 年　　路桥系招收道路专业首批四年制副博士研究生（1956—1957 年间因国家不考虑设立学位制而取消副博士名称），翁朝庆招收了 3 名研究生；1959 年、1962 年和 1964 年，又分别招收了 5 名研究生

1956—1959 年　　与陕西省交通设计院和北京师范大学合作，开展“黄土地区筑路问题”项目的研究，带领研究生多次赴陕北进行科学考察和调查，成果汇总于“黄土调查研究彙集”中

1960—1966 年　　同济大学与交通部合作成立了上海公路研究所，翁朝庆任该所学术委员会主任，积极参与了“路基路面综合设计理论和方法”课题的研究方向和大纲的讨论

1974 年 8 月　　因病退休

1974—1981 年　　被聘任为上海科技情报研究所、上海房管局科技情报站顾问

1981 年 2 月 17 日　　因肺源性心脏病逝世

主要著（译）作及学术论文

[1] 翁朝庆. 木结构裂环接点的理论分析和应用［M］. 上海：龙门联合书局，1953.

[2] 伊万诺夫，等. 公路路面学：下册［M］. 陈本端，翁朝庆，

译. 北京：人民交通出版社，1954.
[3] 翁朝庆. 道路路面结构理论［M］. 北京：中国科学图书仪器公司，1954.
[4] 翁朝庆. 路基设计与建筑［M］. 北京：人民交通出版社，1955.
[5] 维波夫，等. 新型结构的建筑水平仪［M］. 翁朝庆，高芳箴，译. 上海：科学技术出版社，1956.
[6] 翁朝庆. 怎样看道路建筑施工图［M］. 北京：人民交通出版社，1956.
[7] 伊万诺夫. 居住房屋地基基础及墙垣的加固［M］. 翁朝庆，高芳箴，译. 上海：科学技术出版社，1957.
[8] 翁朝庆. 道路路面设计［M］. 上海：科学技术出版社，1957.
[9] 翁朝庆. 论柔性路面的垂直形变公式［J］. 同济大学学报，1957（1）：17-24.
[10] 翁朝庆. 关于"再论柔性路面的垂直形变公式"一文的讨论（二）［J］. 同济大学学报，1957（3）：139-141.
[11] 特罗依茨卡娅，等. 公路工程参考资料：第一辑［M］. 翁朝庆，等译. 北京：人民交通出版社，1958.
[12] 比鲁利亚，等. 草原区路基土壤的稳定［M］. 翁朝庆，黄祝寿，译. 北京：人民交通出版社，1958.
[13] 费多罗夫，等. 第十届国际道路会议报告集简编［M］. 翁朝庆，等译. 北京：人民交通出版社，1958.
[14] 谢多夫，等. 芦苇束拱形屋面［M］. 翁朝庆，高芳箴，译. 上海：科学技术出版社，1958.
[15] 阿尔谢聂夫. 道路建筑（上册）［M］. 翁朝庆，译. 北京：高等

教育出版社，1958.
[16] 伊万诺夫. 道路建筑（中册）：路面建筑[M]. 翁朝庆，译. 北京：高等教育出版社，1959.
[17] 裘米斯基. 道路工程中的冻渗问题[M]. 翁朝庆，陈本端，徐邕生，译. 北京：人民交通出版社，1959.
[18] 翁朝庆. 道路路基土壤的压实[M]. 北京：人民交通出版社，1962.
[19] 巴斯. 第十一届国际道路会议报告集简编[M]. 翁朝庆，译. 北京：人民交通出版社，1963.

陈本端先生小传[①]

（1906—1991）

陈本端

陈本端，道路工程资深专家、二级教授。他创建了我国高校的第一个道路工程专业，为道路交通事业培养了大批优秀人才，并且培养了国内第一批研究生。

1945年的春夏之交，当世界反法西斯阵营向轴心国发起最后总攻时，抗战公路“二十四道拐”的照片震撼全球。这张定格历史、享誉世界的纪实摄影佳作，以独一无二的绝佳影像表现出了抗日战争时期中国交通运输线路的艰险，同时也表现了中国人民在极端困难的情况下仍坚持抗战的精神。成百上千的工程人员用他们的智慧、汗水、泪水和血液铸就了举世闻名的“二十四道拐”，陈本端先生在“二十四道拐”的测量、改造过程中做出了杰出贡献。

① 陈本端先生小传由姚祖康、唐伯明、张勃供稿，编委会整理。

一、名门之后 实业救国

陈本端先生1906年生于天津，祖籍江西新城钟贤（今江西黎川县中田乡），是清代著名文学家、理学家陈道的后人。江西黎川县陈氏家族人才济济，陈先生的曾祖父陈孚恩为清代著名政治家、书法家，曾官至礼部、刑部、户部、吏部、兵部尚书和军机大臣。陈本端秉承陈氏家族的家风、学风，自幼聪颖好学，于1928年取得交通大学唐山工程学院土木工程学士学位，随即投身"实业救国"。

从交通大学唐山工程学院毕业之后，陈本端进入北宁铁路局工作。1931年的夏天，赵祖康结束了美国的学习生活，毅然回国担任道路股股长，揭开了抗战全面爆发前我国大规模公路建设的序幕。同年，陈本端响应赵祖康之召，辞去北宁铁路局的工作，转而投身于公路建设事业。1931年，中国公路总里程不过2万余公里，且各省各自为政，互不联系；工程技术缺乏标准；桥梁多为木质临时式的，大江大河多用人工摆渡；经费无固定来源，管理缺少规章制度；汽车无统一牌照，不能过境行驶，技术水平低，也无培训组织。1931—1933年间，陈本端在江苏省公路局工作。在此期间，我国省际联络公路由东南3省扩大到7省，再扩大到东中部10省；制定了筑路经费的补助办法；成立了督察区，监督工程用款、工程质量和进度；颁发了统一的工程技术标准，逐步改善桥渡，统一汽车牌照，建立中国各省市交通互通和公路监理制度。

1931年"九一八"事变，日寇入侵东北，1932年"一·二八"淞沪战争，更是对当时中国的首都南京构成了巨大威胁。国民政府迁驻洛阳，定西安为陪都。为了打通物资供应通道，国民政府决定修建西兰公路，并且延至河西走廊直抵新疆中苏边境。1934 年年初，全国经济委员会决定拨款重修西兰公路，于 3 月 21 日在西安成立西兰公路工务所，并从全国抽调人才参与建设，刘如松任总工程师，陈本端被全国经济委员会选中，前往西兰公路工务所担任工程师，负责测量工作。经过测设，按丙等国道标准，对全线进行改建。1934 年 6 月被誉为“章回小说大家”和“通俗文学大师”第一人的张恨水从西安到兰州考察。当时西兰公路正在进行艰苦的修建，在陕西省主席邵力子、西北军统帅杨虎城等人的帮助下，张恨水和西北公路局的刘如松、陈本端一行人分乘两辆车，一路舟车劳顿，历时 9 天终从西安抵达兰州。这一路的经历也为张恨水后来创作《燕归来》和《小西天》提供了写作素材。西兰公路日后成了中苏公路的一部分，是抗战中为我国重要的对外交通通道。

二、传道授业　兼济天下

1924 年，国立中山大学成立之初，校长邹鲁就洞察到当时的中国百废待兴，工业生产和建设人才极为缺乏，因而非常有必要开设工科。1932 年春，邹鲁再次出任校长，认为“国难正亟，无论济贫，无论抗敌，实应广植各门高深科学知识及工业技术人才，以为国家努力建设之需”，建议设立工学院。1934 年 8 月，经过十年筹备，国立中山大学工学院终于成立，分设土木工程、化学工程、机械工程、电气工程 4 个学系，并开始招收新生。

国立中山大学工学院创办之初有在册教授 17 人，副教授 5 人，讲师 12 人，所聘教师多留学日美，均为一时翘楚，大多年龄在 33 岁左右。其中，土木工程系的教授有方棣棠（系主任，巴黎工科大学土木工程系）、徐学澥（东京工业大学学士、美国密歇根研究院机械设计及西洋画双硕士）、张公一（日本京都帝国大学工学部）、丘秉敏（留学德国）、陈本端（交通大学唐山工程学院土木工程系）、郭舒然（交通大学唐山工程学院土木工程系）。1934 年 8 月，陈本端被聘为教授时年仅 28 岁，他与郭舒然是国立中山大学工学院 17 名创院教授中，仅有的两位没有海外留学经历的教授。尽管陈本端未曾海外留学，也没有硕士学位，但陈本端丰富的工程经验和严谨的治学精神很快打消了人们对这位年轻教授的质疑。在出任教授不到两年的时间里编写出版了《高等测量学》教材。由于当时我国工程教育水平较低，大学教材主要分为两类：一类为由直属于教育部的国立编译馆统一翻译、编著各类外国教材，然而这类教材由于翻译人员的专业水平有限，难以满足教学要求；另一类教材为直接采用外国的原版教材，学习这类教材需要较强的外语能力，并且其中部分内容与我国国情不符。陈本端自交通大学唐山工程学院毕业之后，在工程一线积累了大量经验，其编著的教材《高等测量学》融合了他在西北公路测量的丰富工程实践，理论联系实际。该书被由李四光、胡适、张伯苓、蔡元培、蒋梦麟等人组成的“大学丛书委员会”选中，成为我国大学的标准教材，由商务印书馆于 1936 年出版发行，赵祖康为之作序。

在中山大学任教期间，陈本端前往美国密歇根大学深造，于 1938 年获得密歇根大学硕士学位。在美国学习期间，陈本端结合在美国的所见所闻和中国的工程经验，又编译了大学教材《公路工程学》。在该书中，陈本端对公路工程进行了全方位的阐述和介绍，比较了美国的公路和铁路的运输及运营状况，提出公路的重要性和运输能力并不低于铁路的观点；介绍了水泥和沥青在国外公路路面的使用情况，认为线形指标过低和低等级的路面材料都会影响公路的运输功能，应适当提高公路造价；建议交通部设置公路总局，下设总务、工程、设计、运输和研究五大部门，做好全国公路的管理工作。陈本端还指出汽油的提炼与汽车制造是我国当前公路工程最严重的两个问题，应给予足够重视。

三、交通报国　桃李满园

1938 年，陈本端获得了密歇根大学硕士学位，此时日军已全面发动侵华战争。陈本端学成之后立即归国，加入了交通救国的事业中。回国之后的陈本端于 1938 年 11 月至 1941 年 2 月在赵祖康领导的交通部公路总管理处工作，担任监察工程师和技正等职务，协助赵祖康统揽全国公路建设。

随着战争的进行，我国中东部的国土大量沦陷，国家开始经营大后方，准备持久抗战。连通陪都重庆和成都的成渝公路全长 440 公里，于 1933 年建成。因修筑时政局不定、战乱频繁、经费短缺等原因，导致成渝公路晴通雨阻、弯多坡陡、狭窄难行。为了持久抗战，政府拨款对成渝公路进行改善，1941 年 2 月至 10 月，陈本端被任命为成渝公路改善工程处副总工程师。陈本端上任后，减弯改线，在公路沿线设置“转弯危险”“慢车”“下坡危险”等彩色木牌，主持了重庆至青木关之间的桐油路面工程，改善后的成渝公路成为抗战大后方的交通要道。虽然战事紧急，陈本端仍坚持科研工作，并于 1940 年将桐油路面作为替代柏油路面的技术向经济部工业司申请专利。然而，由于相关实验必须在气温较高时进行，而日军对陪都重庆的轰炸在春夏非常频繁，专利的申报工作不得不暂时停止。

为了保障战时交通，国民政府成立了运输统制局统管交通运输。1941 年 10 月，陈本端调任运输统制局公路工务总处，担任计划室主任，负责大后方的公路运输工作。1942 年 5 月，日军切断了滇缅公路，这也意味着彻底切断了我国和同盟国的陆路运输通道。中美不得不开通驼峰航线为中国运送战略物资，驼峰航线起于印度东北部的阿萨姆地区，终点位于昆明。因此，昆明经贵阳至陪都重庆的公路，成为我国大后方最为重要的一条生命线。1943 年秋，援华美军司令部为了满足每月运输 1.5 万吨战争物资的需要，并按照美国陆军部长史汀生“维持滇缅公路”和“改进中国陆军战斗效能”的指示，要求国民政府“改善沾益—都匀之间的线路，其中以晴隆附近的‘二十四道拐’工程最大”。“二十四道拐”盘山公路位于贵州省晴隆（安南）县境内，为黔滇公路上的咽喉工程，也是整个贵州省最为艰巨的公路工程。1935 年 3 月，毕业于北洋大学时年 39 岁的工程师邹岳生，奉曾养甫之命主持“二十四道拐”盘山公路的修筑。期间，邹岳生率队精密测量、三度审查、四线比较，最终选定了“二十四道拐”盘山公路的线路，并于 1936 年夏完成修筑。当年“京滇公路周览团”

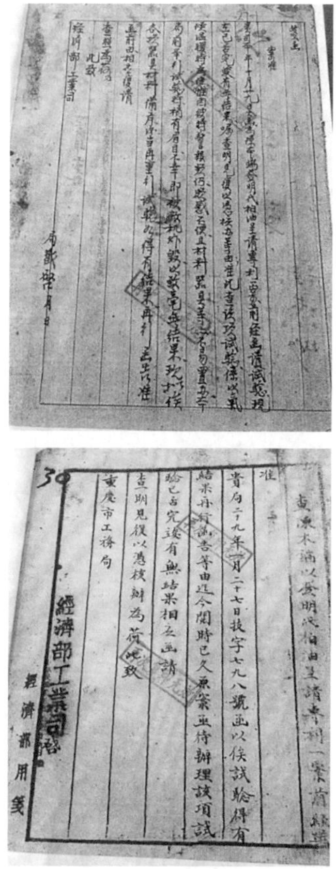

1940 年抗战期间陈本端申报桐油路面专利相关文件

到达晴隆时，对“二十四道拐”盘山公路因地制宜的设计称赞不已。随着黔滇公路的重要性与日俱增，“二十四道拐”盘山公路的车流量逐渐增加，因此对其进行改善成为当务之急。

由于拥有丰富的工程经验和杰出的管理才能，陈本端成为改善“二十四道拐”的不二人选。1944 年 1 月起，陈本端担任西南公路工务局第一测量队队长兼黔滇公路第三改善工程处主任等职务，负责“二十四道拐”的测量和改善。贵州西部地广人稀，民风彪悍，公路沿线杀人越货的事时有发生。陈本端收到任命后立即赴任，和工程技术人员直接奔赴筑路一线。他首先率队对“二十四道拐”进行了测量，“二十四道拐”盘山公路全长 3390 米，高差 242 米，转弯半径最大为 15 米，最小为 6 米。弯道坡度最大 18%，最小 5%，路基最宽处为 14 米，最狭处为 6 米。陈本端经过详细测量，对三个改线方案进行了比较分析，指出三个方案中仅有一个可行，但该方案工程浩大、造价高昂。

交通部西南公路管理处陈本端档案

鉴于抗战期间财力紧张，“二十四道拐”新线的修筑方案难以实施，傅亚群、陈本端等工程技术人员提出了“二十四道拐”的可行性改造方案。改造工程主要为：①减弯改线，取消了第 21 拐和第 22 拐，将原“二十四道拐”改成了“二十一道拐”；最大坡度由 18% 下降到了 15%，最小曲线半径由 6 米提高到

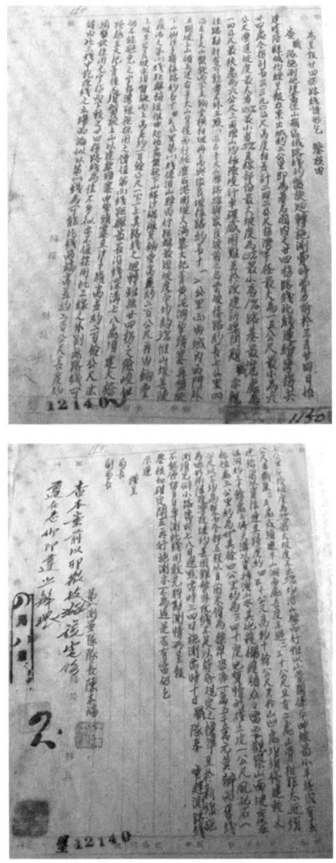

陈本端测量“二十四道拐”的报告

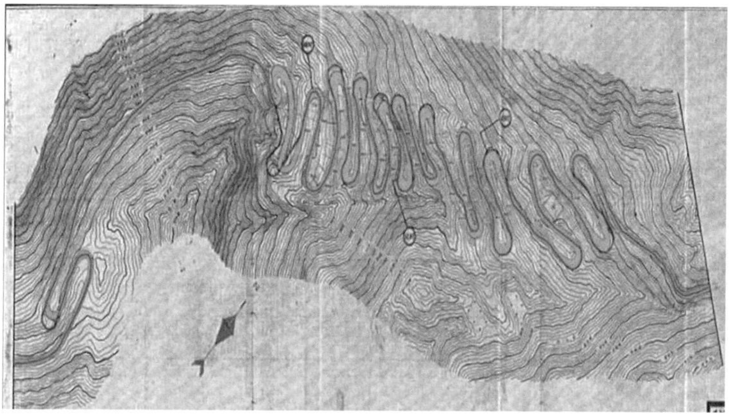

陈本端测量“二十四道拐”的图纸

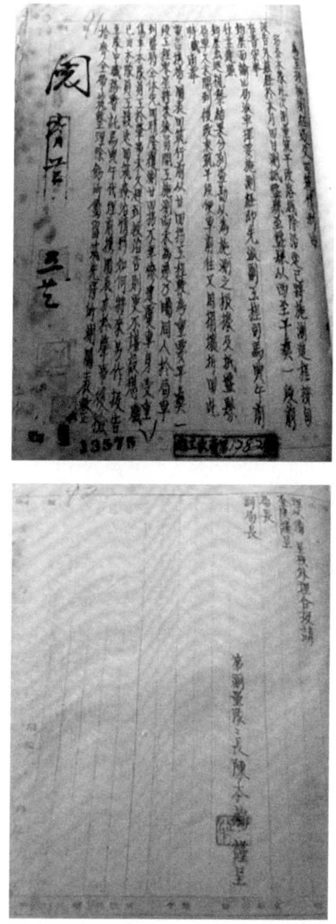

陈本端自述受伤经过

8 米。②对弯道进行加宽处理，最小路基宽度由 6 米扩宽到 7.5 米。③构筑了由截水沟、排水沟和涵洞组成的综合排水系统，沿山体修筑的截水沟最长一条约 140 米，修筑涵洞 6 道，以防止山泉、雨水冲毁公路。④修筑挡墙，全线设置挡墙 19 处，最高处高达 12 米，以防公路塌方阻碍交通。

由于“二十四道拐”改善工程十分重要，因此陈本端需要时常前往贵阳西南公路局汇报工作。1944 年 5 月 10 日，陈本端从“二十四道拐”携带图纸前往贵阳汇报，在普安境内发生车祸，右腿和右侧肋骨骨折，所幸随行人员处理及时得当。

康复期间，陈本端依然担任着黔滇公路第三工程处主任和总工，为“二十四道拐”的改善出谋划策。陈本端受伤八个月之后，美国记者阿尔伯特来到了晴隆，在改善完成的“二十四道拐”盘山公路对面的山顶上，拍摄了那张著名的“二十四道拐”照片，中国的抗战公路震撼全球。

伤愈的陈本端在重庆市工务局担任主任秘书兼技术室主任工作。抗战胜利后，成为上海交通大学教授，担任了土木系主任和总务长等职务。1952 年，全国高校院系调整后，他被聘为同济大学教授（二级），相继出任公路教研室主任、公路系主任、道路与桥梁系主任与道路教研室主任，编著出版了《道路材料实验》《道路工程中的冻渗问题》《公路工程基本知识》等著（译）作，为我国交通事业培养了一大批栋梁之才。1985 年 10 月，陈本端与赵祖康、李国豪等人一起受到中国土木工程学会嘉奖，以表彰他们半个世纪以来在中国的工程建设和工程技术人员培养方面所作出的杰出贡献。

“二十四道拐”改善前后对比

四、陈本端与道路教研室

1952 年 9 月至 10 月间，全国高校在学习了苏联高等教育体制之后，开展了一系列规模宏大的院系调整。八所公立和私立大学的土木、建筑类系科集中到了同济大学，按苏联模式设立各个系和专业，其中，设置了铁路公路系和汽车干路与城市道路专业，陈本端出任公路教研室主任。一年后，又先后改设为公路系和道路与桥梁隧道系，陈本端又先后出任系主任。

1958 年又改设为铁路、公路与桥隧系，陈本端担任道路教研室主任，直到 1966 年。在这十四年间，陈本端一直承担着系或教研室的教学和行政工作。

系、室成立初期，各路师资聚集，人才汇集。道路方面有陈本端、翁朝庆、罗孝登、程良生四位教授和赵骅副教授，龚雨雷、徐邕生、苏荣阁、沙庆林（后派赴苏联读研究生）等教师。自 1953 年之后，又陆续加入了杨佩昆、朱以敬、张廷楷、张南鹭、严家伋、陈露、陆鼎中、王素勤等青年教师，还有留苏归来的副博士蔡乃森副教授的加入，阵容可谓豪华、鼎盛。作为系、室的主任，陈本端的精力主要放在把这些教师凝聚在一起，齐心协力，转换教学思想和体系，学习和筹划苏联式的教学计划、大纲、教材、参考资料等。

1955 年，苏联道路专家诺西奇副博士到同济大学道路教研室支教，朱照宏老师作为专家的专业翻译，随之来教研室任教。诺西奇开设了道路施工组织与计划课和道路勘测设计课，并指导青年教师做毕业设计。由于是国内首位苏联道路专家来同济授课，许多兄弟院校的教师们都纷纷前来听课。1956 年 6 月，诺西奇回国。

1956 年 8 月，苏联专家莫斯科城市建设学院杜拉耶夫副教授来校支教，提出设立城市建设系和专业的建议。校长迅即接纳，指令成立城市建设系和城市建设专业，并由道路教研室调拨赵骅（后调往武汉支援武汉城建学院建立城建专业）、罗孝登（后调往福州支援福州大学建立路桥系）和杨佩昆等老师去该系组建和任教。

1958 年，哈尔滨工业大学拟成立道路专业，教育部指令同济大学支援。学校旋即责令道路教研室调遣蔡乃森和苏荣阁两位教师转去哈工大组建道路专业和任教（蔡老师的两位研究生王哲人和周荣沾也

1956 年 6 月道路教研室同仁与苏联专家诺西奇合影
（后排左起：朱照宏、龚雨雷、陈本端、诺西奇、罗孝登、翁朝庆、蔡乃森、张莪华；
前排左起：张南鹭、杨佩昆、严家伋、张廷楷、赵骅、徐邕生、苏荣阁）

1956 年 6 月 14 日欢送苏联专家诺西奇回国留影
（前排左起：龚雨雷、蔡乃森、翁朝庆、陈本端、诺西奇、罗孝登、张云亭、赵骅、
徐邕生、朱照宏）

随同调去）。

短短数年间经历如此频繁的机构组建和人员变动，再加上不断的政治运动，要组织教师定下心来搞好教学工作，完成专业人才的培养任务，对于系和教研室的领导来说，实在不是一件轻松的事。

1959 年后，道路教研室的人员流动情况减少了，科室也相对稳定了，后来陆续增添了姚祖康、景天然、李方、易建国、徐慰慈、吕锡坤、陈龙泉、彭国雄、胡世德等青年教师，充实了师资队伍。

院系调整时组成的汽车干路与城市道路专业三年级班级，因新中国成立不久急需各类建设人才，政府决定将这届学生由四年制改为三年制，因而提前一年于 1953 年 7 月毕业。

1953 年和 1954 年，为满足国家急需建设人才的需要，招收了两届二年制专修科。

1959 年 4 月道路教研室中山公园春游合影

（前排左起：徐邕生、朱照宏、陈本端、姚颂英、张南鹭、王素勤、严家伋；

后排左起：姚祖康、刘毓栋、赵学勐、龚雨雷、朱以敬、吴晋伟、陈露）

注：翁朝庆、张廷楷和陆鼎中缺席。

1959 年道路教研室

（王子姮（左二），朱照宏（左四），陈本端（右一））

1954 年夏，清华大学汽车干线及城市道路专业 24 名学生调入同济大学，与同济原有的 24 名学生合班。1955 年 7 月，更名为公路与城市道路专业，学制为四年制。

1955 年起又学习苏联体制，本科改为五年制。1960—1965 年，分别有 6 届五年制学生毕业。

1961—1965 年入学的五届学生因 1966 年开始的“文化大革命”故延迟毕业。

1955 年夏，公路与城市道路专业开始招收四年制副博士研究生（后因未设立学位制而取消副博士名称），陈本端招收了四名。蔡乃森老师在苏联取得学位回国后来同济任教，陈本端主动将手下的两名研究生（王哲人和周荣沾）调拨给蔡老师。1959 年夏，陈本端的第一名研究生刘毓栋毕业，其论文题为《道路路基水温状况的研究方法及其实际应用问题》。

畢業證書
學生顧嘉麒係江蘇川沙人現年
二十一歲在本校公路系本科
汽車路與城市道路專業肄業三年
期滿成績及格准予畢業此證
夏堅白

1953 年第一届三年制毕业生顾嘉麒毕业证书

道路桥梁与隧道专业 1955 届班级获“先进集体”师生合影
（前排教师左起：张云亭、陈本端、李国豪、钱钟毅、陈超、周念先、金成棣）

1955—1960 届毕业留影
（第二排从左往右第五人起：张廷楷、朱照宏、龚雨雷、陈本端、王心芳、徐元立、陈露、严家伋、吴晋伟）

1959 年，陈本端招收了第二批研究生，其中有陆鼎中（1959 年 10 月—1963 年 5 月，论文题为《重复荷重下土的变形累积规律》）。随后，在 1961 年招收了两名研究生，许志鸿（1961 年 9 月—1965 年 3 月，论文题为《水泥混凝土路面基层的研究》）和严宝杰（1961 年 9 月—1965 年 3 月）。1964 年，又招收了两名在职教师（朱以敬和严家伋）为研究生，后因“文化大革命”而中断。1982 年开始设立学位制，陈本端招收了一名硕士研究生（楼永尧）。

20 世纪 50 年代后期，道路教研室接收了一些兄弟院校（如哈尔滨建工学院、西安公路学院、东北林学院、西安空军工程学院等）的进修教师。此外，还接收过越南进修教师。

20 世纪 50 年代前期的潮流是“一切向苏联学习”。全国高校院系调整后，道路教研室迫于形势要快速学习和掌握苏联的教学体系，

1959 年 4 月陈本端与第一届研究生合影
（左起：赵学勐、陈本端、刘毓栋、姚祖康）

1958 年冬至 1959 年春与越南留学师生合影

（前排左起：吴晋伟、朱以敬、陈本端、越南进修教师、吴之翰（副校长）、张云亭（总支书记）、龚雨雷、朱照宏、张廷楷、刘毓栋；
后排左起：严家伋、陈露、姚祖康、金庆申、徐邕生、赵学勐、越南留学生六名；
后排右起：王素勤、张南鹭）

安排和执行其教学计划、大纲，编写出相应的讲义和参考资料，进行学生专业课的教学工作。故许多教师被迫速成学习俄语，收集、阅读和翻译俄文资料、著作和教材。

陈本端与翁朝庆合作翻译了苏联著名路面专家伊万诺夫的教材《公路路面学》，并于 1954 年出版。许多教师在学习俄语和阅读苏联技术文献的同时进行翻译。教研室将这些译稿编辑成册，数年内油印刊发了八集。人民交通出版社随后正式编辑出版《公路工程参考资料》系列丛书，向我校教师积极组稿。其中，专门由道路教研室教师供稿组成的就有三辑（第一辑、第十一辑和第十六辑）。

20 世纪 50 年代后期，苏联教学体系的贯彻执行趋于稳定，道路

20 世纪 50 年代出版的教材和系列丛书

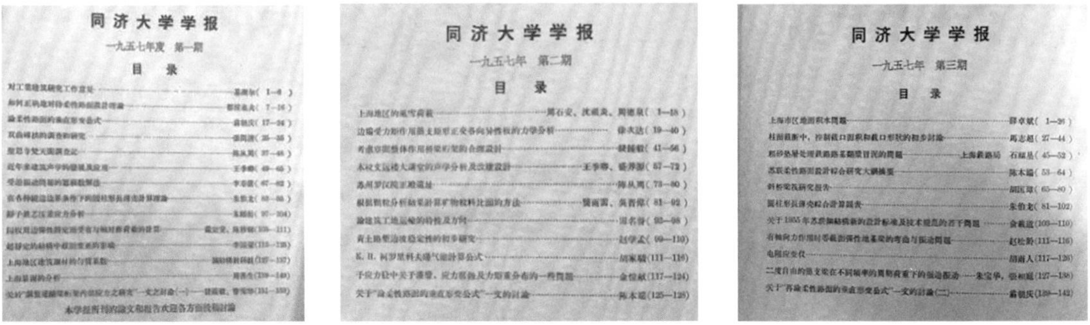

1957 年同济大学学报上围绕柔性路面设计展开的讨论

教研室鼓励教师参与科学研究活动。陈本端与翁朝庆围绕苏联柔性路面设计（垂直形变公式）在《同济大学学报》上展开了讨论，苏联专家杜拉耶夫也在学报上发表了《如何正确地对待柔性路面设计理论》一文，参与讨论。

1958 年的“大跃进”运动中，学校也发动了大搞科研、放科学卫星的运动。道路教研室组织青年教师和四年级学生积极参与。那时，工程试验馆西侧一楼和二楼的道路材料试验室里，整天挤满了做各种课题试验的师生。短短几个月，就完成了众多项目，放出了一批科学卫星成果，向校部报喜。王素勤老师代表道路教研室在全校大会上汇报了“师生一条龙”大搞科研的经验。

1958 年冬，四年级学生在沥青实验室做课题实验

同时，道路教研室还要求师生将这些成果编写成研究报告，并将它们编辑成油印刊物《科学研究报告集》，共出了三集。陈本端为第一集写了序，并投了论文《中国道路分区初步方案》。第二集为 1958 年冬大搞科研运动的成果报告集。

20 世纪 50 年代初到 60 年代中期的这十余年，是道路教研室和道路工程专业（含其他多个名称）的创建和成长期。作为道路教研室的行政主管和学科领衔人，陈本端带领教研室的同仁们，在喧嚣的政治口号声和激烈动荡的政治运动浪潮中，从照搬国外到学习消化，再到融合国情形成完整的教学体系（教学计划和教学环节安排、课程教学大纲、教材建设等），经

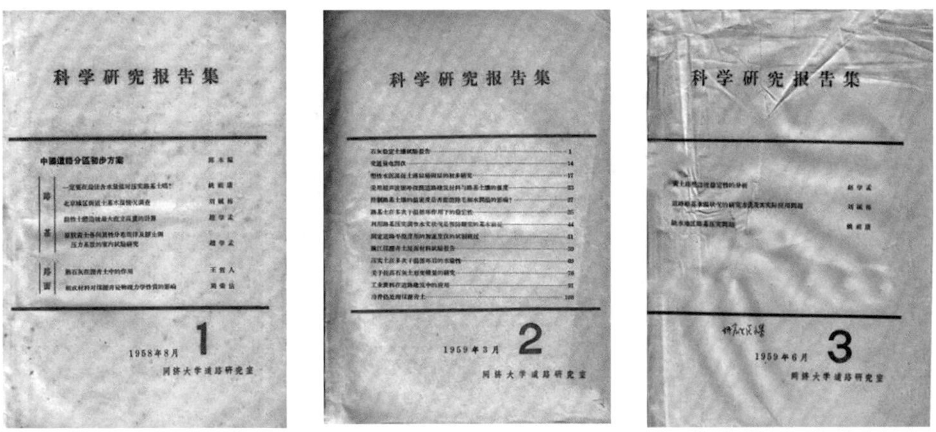

1958—1959 年间道路教研室编印的《科学研究报告集》

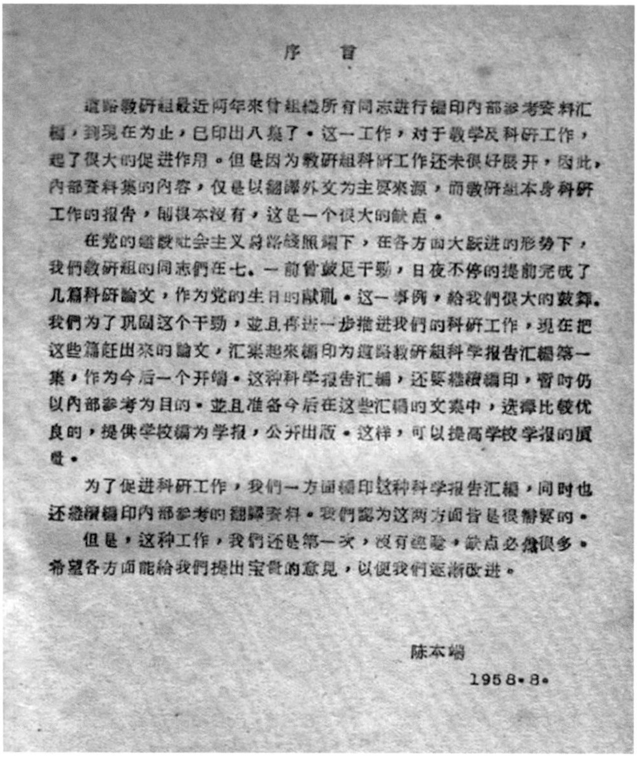

序　言

道路教研組最近两年來曾組織所有同志进行編印內部參考資料汇編，到現在为止，已印出八集了。这一工作，对于教學及科研工作，起了很大的促进作用。但是因为教研組科研工作还未很好展开，因此，內部資料集的內容，仅是以翻譯外文为主要來源，而教研組本身科研工作的报告，則根本沒有，这是一个很大的缺点。

在党的總路綫社会主义建設總路綫照耀下，在各方面大躍进的形势下，我們教研組的同志們在七。一前曾鼓足干勁，日夜不停的提前完成了几篇科研論文，作为党的生日的献礼。这一事例，給我們很大的鼓舞。我們为了巩固这个干勁，並且再进一步推进我們的科研工作，現在把这些篇赶出來的論文，汇集起來編印为道路教研組科学报告汇編第一集，作为今后一个开端。这种科学报告汇編，还要継續編印，暂时仍以內部參考为目的。並且准备今后在这些汇編的文集中，选擇比較优良的，提供学校編为学报，公开出版。这样，可以提高学校学报的質量。

为了促进科研工作，我們一方面編印这种科学报告汇編，同时也还継續編印內部參考的翻譯資料。我們認为这两方面皆是很需要的。

但是，这种工作，我們还是第一次，沒有經驗，缺点必然很多。希望各方面能給我們提出宝貴的意見，以便我們逐渐改进。

陈本端

1958.8.

陈本端先生为《科学研究报告集》第一集所写的序言

历了艰难的历程，耗费了艰辛的心血，培养了一批又一批青年教师，为道路建设事业输送了数百名技术人才。一位民主党派人士，头顶着“资产阶级知识分子”的帽子，在这样的政治环境下仍能尽责尽力地为国家和社会做出这般重大的贡献，是我们这些承继了硕果的后辈们应该永远铭记和深深铭谢的。

生平简历

1906 年 3 月	出生于天津，祖籍江西新城钟贤（今江西省黎川县中田乡）
1914 年 8 月—1920 年 7 月	在天津直指庵小学就读
1920 年 8 月—1924 年 7 月	在天津南开中学就读
1924 年 8 月—1925 年 8 月	交通大学唐山工程学院预科
1925 年 8 月—1929 年 10 月	交通大学唐山工程学院土木系本科毕业
1929 年 11 月—1930 年 12 月	北宁铁路丰台工务段实习生
1931 年 1 月—1931 年 3 月	北宁铁路锦州工务段工务员
1931 年 4 月—1933 年 2 月	江苏省公路局帮（助理）工程师（镇江）
1933 年 3 月—1934 年 2 月	全国经济委员会公路处副工程师（南京）
1934 年 3 月—1934 年 8 月	西兰公路工务所工程师（西安）
1934 年 8 月—1936 年 7 月	中山大学土木系教授（广州）

陈本端夫妇与女儿（约 1936 年于广州）

1936 年 8 月—1937 年 12 月　美国密歇根大学研究院土木工程学硕士

1937 年 12 月—1938 年 8 月　美国华盛顿公路总局实习及考察

1938 年 8 月—1939 年 8 月　中山大学土木系教授（广州）

1939 年 8 月—1940 年 6 月　交通部公路总管理处工程师（重庆）

1940 年 6 月—1941 年 2 月　清华大学公路研究室副主任（昆明）

1941 年 3 月—1942 年 8 月　交通部成渝公路工程处副总工程师（重庆）

1942 年 8 月—1944 年 1 月　交通部公路工务总处计划室主任（重庆）

1944 年 1 月—1945 年 2 月　西南公路工务局第一测量队队长兼黔滇公路第三改善工程处主任（贵阳）

1945 年 3 月—1945 年 8 月　重庆市工务局技术室主任兼主任秘书

1945 年 8 月—1945 年 12 月　（重庆）交通大学土木系教授

1945 年 12 月—1947 年 8 月　上海交通大学土木系教授

1947 年 8 月—1948 年 8 月　上海交通大学土木系教授兼系主任

1948 年 8 月—1948 年 12 月　上海交通大学土木系教授兼总务长

1946 年 8 月—1952 年 8 月　上海大夏大学、大同大学兼职教授

1948 年 12 月—1952 年 10 月　上海交通大学土木系教授

1952 年 10 月—1953 年 8 月　同济大学教授兼公路教研室主任

1953 年 6 月—1954 年 8 月　同济大学教授兼公路系主任

1954 年 8 月—1958 年 4 月　同济大学教授兼道路与桥梁隧道系主任

1958 年 4 月—1966 年 5 月　同济大学教授兼道路教研室主任

1966 年 5 月—1982 年 7 月　同济大学路桥系教授

1982 年 7 月　同济大学退休

1991 年 8 月 14 日　逝世

1982 年 7 月路桥系为陈本端、马地泰教授举行退休仪式

1977 年陈本端先生与夫人沈在惠（摄于家中）

1977 年 2 月陈本端先生与堂弟陈本济（摄于家中）

主要著（译）作及学术论文

[1] 陈本端. 高等测量学 [M]. 北京：商务印书馆，1936.

[2] 陈本端. 公路工程学 [M]. 北京：商务印书馆，1950.

[3] 陈本端. 道路材料实验 [M]. 北京：龙门联合书局，1952.

[4] 伊万诺夫，等. 公路路面学：下册 [M]. 陈本端，翁朝庆，译. 北京：人民交通出版社，1954.

[5] 陈本端. 公路工程基本知识 [M]. 北京：人民交通出版社，1956.

[6] 陈本端. 关于“论柔性路面的垂直形变公式”一文的讨论 [J]. 同济大学学报，1957（2）：125-128.

[7] 陈本端. 苏联柔性路面设计综合研究大纲摘要 [J]. 同济大学学报，1957（3）：53-64.

[8] 裘米斯基. 道路工程中的冻渗问题 [M]. 翁朝庆，陈本端，徐邕生，译. 北京：人民交通出版社，1959.

[9] 陈本端. 关于公路现代化问题的讨论 [J]. 公路，1980（6）：5-6.

陈本端先生编著的《公路工程学》和《道路材料试验》

李秉成先生小传[1]

（1908—1991）

李秉成，字集之，铁道工程专家、二级教授。参加和主持了浙赣、黔桂、湘黔等铁路建设的技术工作。发展了我国铁路选线设计学科的理论，完整地提出“按地形自然规律选线、工机配合”的选线设计思想。较早地提出了我国铁路应向重载、高速等方向发展的理念，对制定铁路科技发展政策起到了促进作用。为我国高校铁道工程专业及铁路选线设计学科的发展做出了重要贡献。

李秉成

1908 年 3 月 5 日，李秉成出生于富春江畔的浙江省富阳县（现为富阳市）场口镇礼门村。虽然家道小康，但 3 岁丧母，也曾经历过不少人间悲苦。在父亲的教育下，从小养成了刻苦、耐劳、勤奋、简朴的优

① 李秉成先生小传由顾保南、金寿延供稿，编委会整理。

良品德。11 岁即离家远出，矢志求学。先后就读于宁波三一书院和杭州蕙兰中学。

1926 年，李秉成 18 岁时考入复旦大学土木系。他夙兴夜寐，勤奋自勉，于 1930 年以优异成绩提前一年毕业，获学士学位。

同年，李秉成考入杭江（杭州—江山）铁路，始任练习工程师。在实际工作中由于才学出众，很快由帮工程师升任工务段长。1933 年，杭江铁路建成。铁路继续向江西省境内延伸，是为浙赣铁路。李秉成奉调参加浙赣铁路南萍段（南昌—萍乡）的选线工作。当时有南线、北线两个方案，他注重实际，深入勘测，用半年多的时间实测 300 多公里，最后选定线路较短、工程难度较低的南线方案。

随后，他又调任赣江大桥桥基钻探队队长，当时赣江大桥是国内屈指可数的特大桥。在他的主持下，采用穿心钻方法获取河床底层地质资料，为大桥建设提供了可靠依据。浙赣铁路建成后，就投入抗战运输之中。

浙赣铁路大桥建设工地

1937 年 8 月难民涌向铁路逃难的情景

一、兴路救国　矢志不移

经过 6 年的铁路建设实践，李秉成深感自己的铁路建设理论及技术水平还有待提高。1936 年 8 月，他带着“实业救国”的宏伟抱负自费赴美留学，进入康奈尔大学研究院。通过刻苦攻读，仅用一年时间便获得了土木工程硕士学位。接着在美国 Delawau & Hudson（德拉瓦—胡特松）、Pennsylvania（宾夕法尼亚）铁路实习，考察加拿大 Pacific（太平洋）铁路。1938 年转赴英国的 Dorman Long（道门朗）桥梁厂、Cleveland（克利夫兰）桥梁公司实习并考察了 London North-Eastern Railway（伦敦东北铁路）。随后，又考察了德国、英国、荷兰、比利时、法国等国的铁路，广泛吸取各国铁路建设的经验。

1939 年 3 月，中国正遭受日寇铁蹄的践踏，李秉成毅然回国，参加抗日，为祖国的铁路建设和抗日事业贡献自己的一份力量。他穿过沦陷区，越过封锁线，抵达湖南湘潭后，任湘黔铁路副工程师，但因战事失利，湘黔铁路建设计划搁浅。筑路队伍撤退到广西后，湘黔铁路改组为黔桂铁路，他担任正工程师，准备黔桂铁路的建设。

由于重庆国民政府军队节节败退，湘黔铁路建设计划很快又成泡影。于是，李秉成在 1940 年 1 月辞职北上来到地处陕南城固的西北工学院，任土木系教授，为国家培养抗战急需的工程建设人才。

由于不能忘怀所钟爱的铁路建设事业，两年之后（1942 年）他重返黔桂铁路。1944 年，湘黔铁路计划复路，他出任湘黔铁路勘测队长，率领全队在崇山峻岭、人烟荒芜、土匪骚扰等恶劣条件下，完成了湖南境内约 600 公里的线路勘测。正当他们即将完成全线勘测时，日寇又发动了衡阳战役，桂林也接着沦陷。日军先头部队甚至深入黔南独山都匀一带。勘测队无法沿原路返回，全队翻越湘西武陵山脉，于 1944 年 10 月辗转回到后方贵阳。在贵阳，他们整理了勘测资料，提出周详的选线勘测报告，拟定了复路计划。按当时估算他们所选之线可节省投资法币 1 亿多元。

由于战火不断蔓延，复路计划难以实施。当时的交通部在重庆举行“美国租界法案派遣赴美考察实习的铁路人员考试”，李秉成前去应试被顺利录取。于 1945 年 6 月进入美国 B&O 铁路实习，任中国政府驻美国物资供应委员会交通处技术专员兼铁路组组长，还兼任联合国救济总署工业局专员，负责处理联合国资助中国铁路建设的有关事宜。同年成为美国土木工程学会（A.S.C.E.）和美国铁道工程学会正式会员。这个岗位的主要工作是收集美国铁路技术资料，参与战后铁路复兴贷款和机车购置的谈判以及桥梁的监造等。在美国期间，他积极宣传中国铁路，1948 年在 *Civil Engineering* 期刊上发表 *China Rebuilds Her Railroads*。由于在美国的工作技术性不强又不能过于认真，使他感到英雄无用武之地。同时，他兴路救国的愿望日益强烈，终于在 1948 年 6 月正式申请回国。

China Rebuilds Her Railroads

P. C. LEE, M. ASCE

1948 年李秉成在美国 *Civil Engineering* 期刊上发表论文介绍中国铁路重建概况及主要问题

第二次从海外回来，已是抗战胜利之后，在上海再也看不到举太阳旗的日本刺刀，这自然令他兴奋不已。但是当时南京国民政府变本加厉的腐败行为，又使他感到十分沮丧。时任交通部长的俞大维请他在南京做官，他也因此拒绝了。1948 年 9 月，他选择去曾经为之付出过黄金年华的浙赣铁路，担任顾问工程师之职。同时也兼任粤汉铁路的技术顾问。

浙赣铁路局徽章

国民党败退台湾前夕，浙赣铁路的同僚再三劝说他去台湾，但他丝毫不为之所动，而是要把平生所学贡献给养育他的这片土地和人民。

二、献身教育，培养铁路建设人才

中华人民共和国成立以后，铁路事业进入了快速发展的时代，急需大量的铁路建设人才。1949 年 9 月，李秉成回到母校复旦大学任教，主讲站场设计、铁路养护等课程。1951 年复旦大学土木工程系并入上海交通大学土木工程系。1952 年，上海交通大学土木工程系又调整到同济大学。1973 年，李秉成又随同济大学铁道建筑专业调入上海铁道学院。在教育战线上，李秉成辛勤耕耘了 43 个春秋，培养的学生数以千计，成为我国铁路建设的骨干力量。

在繁忙的教学工作的同时，他还兼任教学行政、科研机构及学术团体的领导工作。1952—1957 年任同济大学铁路系主任，1979—1990 年，任铁道部科学技术顾问委员会委员、中国铁道学会理事、上海铁道学会副理事长、上海铁道学院科研所所长、上海铁道学院学报编委会主任、上海铁道学院学术委员会副主委、上海铁道学院管理科学研究所名誉所长等职。

1956 年铁路系李秉成教授在毕业设计经验交流会上做报告

聘书

兹聘请上海铁道学院
李秉成同志
为铁道部科学技术顾问委员会委员，任
期四年。

一九八五年四月 日

李秉成任职铁道部科学技术顾问委员会委员的聘书

荣誉证書

經上海市铁道学会第三届代表大会通过．聘请李秉成同志为上海市铁道学会荣誉理事．特发此証．

李秉成任职上海铁道学会荣誉理事的证书

1985 年铁道部科技顾问委员会全体委员合影
（第一排右一为李秉成）

李秉成知识面广，曾主讲过多门课程，如铁道选线、铁路工程设计、隧道工程、铁道线路布置、铁道线路养护工程等。

他治学严谨、精益求精。他的讲课以逻辑性强、语言生动、内容丰富、重点突出著称。他所教授的每一门课不仅内容充实、条理清晰，而且结合他丰富的选线、施工、养护经验并借鉴其亲身考察所见欧美各国铁路的优秀做法，例证丰富，加上他洪亮的声音及风趣的表达风格，学生们都觉得听他的课是莫大的享受。

他博览群书，好学不倦。他曾教导年轻教师，“你要输给学生一碗水，自己则要准备一桶水”。学校图书馆阅览室经常看到他的身影。即使在十年动乱时期，身心受到严重摧残的情况下，他仍然不顾各种压力，手不释卷，著述不已。

他十分注意对年轻人的培养，除了自己带研究生外，还在他任主编的学报上为青年人提供园地，鼓励他们精于治学。当他 80 高龄时，仍带领年轻人外出考察和收集资料。

李秉成十分喜爱收藏书籍。在艰苦的大学生活及研究生学习阶段，他把节俭下来的生活费大多用来买书。他一生购买和收集了上千册图书，其中绝大部分是铁路专业的书籍，并且许多书是国内罕见的，如苏联高林诺夫教授 1948 年所著《铁路设计》俄文版（*Проектирование железных дорог*），当时我国仅有 2 套，*The Economic Theory of the Location of Railway*（Willington，1887），《京张铁路工程记略》（詹天佑，1909）。晚年，他将约 1 200 册珍贵的专业书籍全部捐献给上海铁道学院，为培养铁路建设人才贡献最后的余热。

三、著书立说，发展我国铁路选线设计学科

我国铁路兴建之初，选线设计工作多为外国人把持。作为一门学科，从基本理论到所含内容，以及设计方法等，很长时间在我国未真正形成。

20 世纪 50 年代初，李秉成和唐山铁道学院王竹亭教授分别组织两校老师翻译苏联高林诺夫教授所著的《铁路设计》一书，成为当时我国铁路选线设计的主要教学参考书。

为了更好地培养我国铁路选线设计方面的人才，李秉成不仅吸收了苏联《铁路设计》教材中的精华，而且还广泛吸取美国、德国等国选线设计中的经验，结合我国实际情况编著了《铁道路线勘测与设计》（第一卷、第二卷）。该书全面系统地阐述了铁路选线的基本理

论、勘测方法、定线技巧、各种复杂地形下的定线（山坡线、山脊线等）、桥涵及桥渡设计、方案比较方法等，强调选线理论与我国具体情况的结合，强调机车动力与工程设计标准的结合，重视经济勘测及经济分析在铁路选线中的作用。这是我国最早被采用的教材及专业用书之一。因此，李秉成堪称我国铁路选线设计学科的开拓者之一。

李秉成十分关注我国铁路选线设计中的新问题，针对这些问题广泛收集国内外资料进行研究，并将研究成果及时传授给学生，使学生毕业后能够迅速适应我国铁路设计的现实需要。早在 20 世纪 60 年代，他就针对我国铁路曲线设计标准问题进行了深入研究，发表了《曲线半径、超高和最高速度》《铁路缓和曲线长度问题》《立方抛物型缓和曲线的误差分析与修正》《铁道车辆在曲线轨道上通过的力学》等论文，系统地阐明了轮轨动力学上很多重要的问题，其中的某些论点、论据和资料，多年来还一直被学者们所引用。这些研究为建造适合我国国情的高速铁路做了理论上的准备。改革开放以后，他更是勤奋著述，陆续发表了《迈进中的高速铁路》《选线技术在我国铁路的应用》《按自然规律定坡选线刍议》等文章，阐述他毕生努力总结和归纳的学术思想：中国社会主义建设必须有铁路的飞速发展，应该根据国情尽快修建不同标准的铁路。他所阐述的论点及思想在我国铁道工程界引起了强烈反响，对我国铁路选线的理论与实践都具有重要的意义。

四、勤于科研，为铁路发展献计献策

李秉成十分注重科研工作，他认为科研不仅可以促进教学，而且有助于解决实际问题，从而更直接地促进生产力的发展。他将自己研究的成果及时提交给铁道部等政府相关决策机构，为改进铁路建设决策的科学化做出了贡献，被铁道部聘请为科学技术顾问。

针对 20 世纪 70 年代我国铁路建设工程造价不断提高的状况，为了充分利用好国家有限的资金，他于 80 年代初通过大量的实例全面分析比较了世界各国的铁路选线技术标准，提出了“按地形自然规律选线，工机配合，利用机械能力协调自然”的选线设计思想，如此有利于缩短线路长度，节省工程投资，减少维修养护费用。经过多年实践检验，他提出的选线设计思想不仅得到了铁道工程界专家的普遍赞同，还为铁路决策部门所重视。

1983 年，他在《三十年来铁路发展的新动向》一文中，较早地提出了我国铁路“重载化”与“高速化”的发展方向，对铁路决策部门制定科学的发展政策起到促进作用。

李秉成教师从业 30 年证书

1984 年，他提出“尽快修复苏嘉铁路”的建议；1986 年，他提出了“建设我国第二轨距系统，在西南及西部地区推广米轨系统”的设想，以及“先通后备”“固本简末”的勤俭建路思想。这些观点及思想是他在晚年身体状况很差的情况下查阅大量国内外资料并融入一生的知识及经验写成的。在耄耋之年，他双手颤抖以至于握笔艰难，视力下降难以认字，但他依然坚持着，颤颤巍巍地捧着放大镜，低埋的头几乎贴近桌面，艰难地阅读和写作。每逢子女来看望他，都免不了被抓“工差”，或誊写文稿或描绘插图。由此我们可以深切地感受到他那种高度的社会责任感、强烈的爱国心、追求真理的决心，以及为祖国铁路事业鞠躬尽瘁的奉献精神。

生平简历

1908 年 3 月 5 日	出生于浙江省富阳县（现为富阳市）场口镇礼门村
1924—1926 年	就读于杭州蕙兰中学
1926—1930 年	复旦大学土木工程系学习
1930—1936 年	杭江铁路、浙赣铁路工作
1936—1937 年	美国康奈尔大学研究院攻读硕士学位
1937—1939 年	先后去美国、加拿大、英国、德国、英国、荷兰、比利时、法国等国铁路实习和考察
1939—1940 年	湘黔铁路副工程师，黔桂铁路正工程师
1940—1941 年	陕南城固西北工学院土木系任教授
1942—1944 年	湘黔铁路正工程师兼勘测队长
1945—1948 年	美国 B&O 铁路实习，1945 年年底，被调到华盛顿参加交通部驻美代表处工作，任技术专员兼铁路组组长，兼任联合国救济总署工业局专员
1948—1949 年	浙赣铁路、粤汉铁路技术顾问
1949—1951 年	复旦大学土木系教授
1951—1952 年	上海交通大学土木系教授
1952—1953 年	同济大学铁路公路系主任
1953—1957 年	同济大学铁路系教授（二级）兼系主任
1957—1973 年	同济大学路桥系教授
1973—1978 年	上海铁道学院工程系教授
1978—1991 年	上海铁道学院教授，兼任铁道部科学技术顾问委员会委员、中国铁道学会理事、上海铁道学会副

理事长、上海铁道学院科研所所长、上海铁道学院学报编委会主任、上海铁道学院学术委员会副主任、上海铁道学院管理科学研究所名誉所长

1991 年 2 月 15 日　逝世

主要著（译）作及学术论文

[1] LEE.P.C.China rebuilds her railroads [J]. Civil Engineering, 1948 (4): 30-35.

[2] 李秉成. 铁道路线勘测与设计（第一卷、第二卷)[M]. 上海：科学技术出版社，1957.

[3] 李秉成. 倾斜风力对列车阻力的影响 [J]. 同济大学学报，1958 (6): 11-30.

[4] 李秉成. 铁路缓和曲线设计问题：适应高速行车的缓和曲线 [R]. 上海：同济大学科学技术情报站，1961.

[5] 李秉成. 立方抛物型缓和曲线的误差分析与修正 [R]. 上海：同济大学铁道工程教研室：同济大学科学技术情报站，1964.

[6] 李秉成. 立方抛物型缓和曲线的误差分析与处理问题 [R]. 上海：上海土木工程学会铁道工程学组，1964.

[7] 李秉成. 曲线半径、超高和最高速度 [C]// 上海市土木工程学会 1963 年年会论文选集. 上海：上海市土木工程学会，1965.

[8] 李秉成. 铁路缓和曲线长度问题 [C]// 上海市土木工程学会 1963 年年会论文选集. 上海：上海市土木工程学会，1965.

[9] 李秉成．双纽型缓和曲线双纽线在铁路弯道上的应用［R］．上海：同济大学铁道工程教研室：同济大学科学技术情报站，1965．

[10] MINCHIN R.S．铁道车辆在曲线轨道上通过时的力学［R］．李秉成，译．上海：同济大学铁道工程教研室：同济大学科学技术情报站，1965．

[11] 李秉成．三十年来铁路速度的发展［R］．上海：上海铁道学院科技情报室，1979．

[12] 李秉成．迈进中的高速铁路［J］．上海铁道学院学报，1980，1（1）：1-26．

[13] 李秉成，张念椿．国外高速铁路的发展与我国铁路速度的展望［R］．上海：上海铁道学院科研所，1980．

[14] 李秉成．高速铁路的线形与轨道：早期国外高速铁道线路剖析［R］．上海：上海铁道学院科研所，1980．

[15] 李秉成．选线技术在我国的应用［R］．上海：上海铁道学院科研所，1980．

[16] 李秉成．按自然规律定坡选线刍议（附讨论）［J］．上海铁道学院学报，1981，2（2）：1-30．

[17] 李秉成．铁路建设中若干技术问题探讨［R］．上海：上海铁道学院，1982．

[18] 李秉成．铁道工程（初稿）［R］．上海：上海铁道学院科研所，1983．

[19] 李秉成．三十年来铁路发展的新动向［R］．上海：上海铁道学院科研所，1983．

[20] 李秉成．关于上海经济区铁路建设的建议［J］．上海铁道学院

学报，1983，4（4）：59-66.

［21］ 金士宣，李秉成，建议浙江人民自己修建金华至温州的地方铁路［J］. 上海铁道学院学报，1983，4（4）：67-69.

［22］ 李秉成，李道磐. 谈谈浙江省当前的铁路建设问题［R］. 上海：上海铁道学院科研所，1984.

［23］ 李秉成. 关于坡度标准与铁路选线问题［R］. 上海：上海铁道学院轮轨研究所，1984.

［24］ 李秉成，华允璋，张承时. 建议尽快修复苏嘉铁路：兼评“铁路规划参考”［J］. 上海铁道学院学报，1984，5（2）：17-24.

［25］ 李秉成，华允璋. 建议修建杭兰铁路代替浙赣杭金段复线［R］. 上海：上海铁道学院轮轨研究所，1984.

［26］ 李秉成. 世界两次大战铁路屡建奇功：学习美国铁路历史经验之二［R］. 上海：上海铁道学院，1985.

［27］ 李秉成. 战后复员铁路面临新的挑战：学习美国铁路历史经验之三［R］. 上海：上海铁道学院，1986.

［28］ 李秉成，李道磐. 华东地区路网的设想初稿（陇海线以南、京广线以东的铁路网建设问题）［R］. 上海：上海铁道学院，1986.

［29］ 李秉成，华允璋，潘君牧，等. 重建苏嘉铁路的迫切性及其显著经济效益［R］.［S.L.］:［s.n.］,1986.

［30］ 李秉成，李道磐. 加速我国铁路网建设问题探讨［C］// 中国铁路现代化学术会议论文集. 铁道部科技情报所，1986.

［31］ 李秉成. 关于建立第二轨距系统的建议［J］. 科技工作者建议，1987（30）.

［32］ 李秉成. 美国铁路战时扩大运能的卓越成效［J］. 上海铁道学

院学报，1988，9（2）：105-112.

［33］ 高林诺夫. 铁路设计（第二卷第一册）[M]. 李秉成，赖云涛，韩志敏，译. 北京：人民铁道出版社，1956.

［34］ 高林诺夫. 铁路设计（第二卷第二册）[M]. 韩志敏，李秉成，赖云涛，译. 北京：人民铁道出版社，1956.

［35］ 高林诺夫. 铁路设计（第二卷第三册）[M]. 赖云涛，李秉成，韩志敏，译. 北京：人民铁道出版社，1956.

李秉成所著的《铁道路线勘测与设计》

《铁 路 工 程》

（初稿）

李秉成

上海铁道学院科研所

一九八三年一月

李秉成所写的《铁路工程》(初稿)

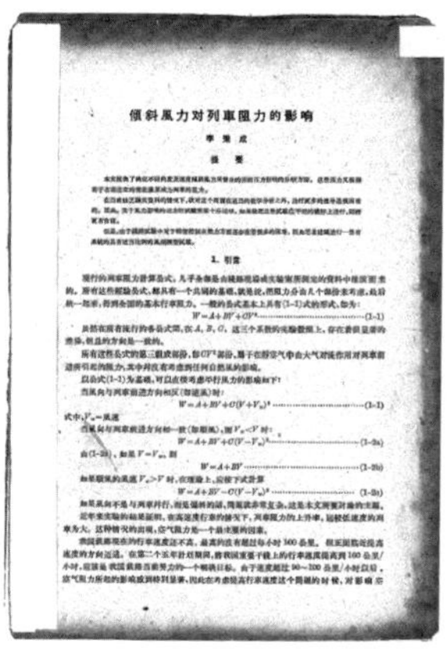

倾斜風力对列車阻力的影响

李秉成

提要

1. 引言

李秉成发表的文章《倾斜风力对列车阻力的影响》

龚雨雷先生小传[①]

(1917—1986)

龚雨雷

龚雨雷，曾用名龚其洪，中共党员，道路工程专家。曾任同济大学道路与桥梁系副教授，道路教研组副主任，铁路、公路与桥隧系副主任，教务处副处长，图书馆副馆长，具有资深的教学和教务经验。长期从事塑性水泥混凝土路面研究。为我国高校道路工程专业及塑性路面的发展做出了重要贡献。

1917 年 10 月 19 日，龚雨雷出生于浙江鄞县西乡。大约在清末民国初年，龚家高祖离开故土到杭州经商，历经三代。到龚雨雷这一代，开始定居上海，弃商从学，走出了一条迥异于祖先的人生道路，也因此彻底改变了龚雨雷先生及其后代的命运。

① 龚雨雷先生小传由编委会依据其学生、家属及同事等所撰写纪念文章整理编辑。

一、战乱时期艰辛求学

龚雨雷（1942 年）

1937 年夏，龚雨雷自浙江省立杭州高级中学毕业，报考高校，以优异的成绩被浙江大学和上海交通大学同时录取。龚雨雷选择就近进入浙江大学土木系读书。不料当年抗战爆发，到 1937 年 11 月，日寇进逼杭州，时局骤变，浙江大学决定西迁。恰值此时，上海交通大学决定内迁后，还在法租界成立沪校。由于当时龚雨雷在上海交通大学仍保留着学籍，因而得以从浙大转学至交大沪校，继续学业，他的学习成绩始终在全系名列前茅。1942 年夏，在太平洋战争全面爆发、上海全部沦陷后不久，龚雨雷完成了四年大学学业，从上海交大土木系毕业，先后在保险公司、中学、铁道研究所、公务局等处任职。

1947 年，龚雨雷与陈文馨结婚

1946 年，龚雨雷回到母校上海交通大学土木系任教，担任助教一职，承担铁路工程及路线测量方面的辅导工作。1948 年升任讲师，直至 1952 年。期间他开设了平面测量、筑路工程、曲线与土方、铁路工程学、公路材料实验、公路工程学等课程。1951 年 7 月，龚雨雷作为上海交大测量队成员之一，应鄞州市人民政府之邀，协助该市进行测量工作。加入上海交大测量教研组，共同编著《测量实习》一书，由上海龙门书局于 1951 年 10 月出版。自编《曲线与土方》讲义，合编《平面测量》讲义。

二、远见卓识，开展塑性水泥混凝土路面研究

1952 年，全国高校院系调整，龚雨雷与上海交大土木系教师一起被调到同济大学，担任铁路与公路系、公路系、道路与桥梁隧道系的讲师，并开设了平面测量与实习、路线测量、路工学、道路勘测与设计、道路建筑材料、道路建筑施工与组织、水力学、城市道路设计等课程。当时的教材大多从苏联引进，为教学计，在高校教师中掀起一股学习俄文的热潮，龚雨雷自学俄语，并且学以致用，与杨佩昆、罗孝登、苏荣阁等合作翻译了两卷本《城市道路设计》，由高等教育出版社出版，作为高等学校教材。除教学和编译教材外，他还参与了上海人民大道和昆明机场等多项大型工程的设计工作。

1956 年，龚雨雷升任同济大学道路与桥梁系副教授，并兼任道路教研组副主任。1958 年，龚雨雷担任同济大学铁路、公路与桥隧系副主任，在科研方面重点开展塑性水泥混凝土材料及路面结构设计研究。龚雨雷倡导现代路面应该向高强、薄层的方向发展，用水泥和

1959年春，教研室中山公园春游
（前排：姚祖康、龚放、朱照宏、严家伋；
中排：陈露、张南鹭、姚颂英、王素勤、赵学勐；
后排：徐邕生、陈本端、龚雨雷、刘毓栋、朱以敬）

1956年6月教研室负责人与苏联专家诺西奇和译员合影
（左起：赵骅、朱照宏、龚雨雷、陈本端、诺西奇、罗孝登、张莪华）

1957 届毕业生与老师们合影留念
（前排左起：严家伋、朱以敬、朱照宏、龚雨雷、陈本端、张云亭、张廷楷、张南鹭）

1965 年龚雨雷自照

1969 年龚雨雷自照

沥青两种胶结材料组合的塑性水泥混凝土是可能实现高强度薄层路面的一种新的建筑材料和施工方法。

三、回归专业，不忘初心

自 1970 年起，龚雨雷长期在同济大学图书馆任职，1977 年末担任同济大学图书馆副馆长，着重分管业务工作，主要关注图书馆的图书情报业务的现代化发展方向，从务虚开始，逐步筹备落实人、财、物方面的相关事宜。龚雨雷和当时的图书馆领导班子为后来图书馆计算机现代化发展工作奠定了基础。

但当时的龚雨雷在妥善完成好图书馆工作的同时，仍然心系道路工程专业。1981 年，龚雨雷重返专业岗位，加入了同济大学道路与交通工程研究所交通工程研究室，并参与延安路—西藏路交叉口的交通参数统计分析，给研究生上 Fundamental of Traffic Engineering 课，此外还主审周商吾主编的教材《交通工程》。

1982 年，龚雨雷伏案审阅《交通工程》书稿

1986 年龚雨雷在家中

1986 年龚雨雷与夫人陈文馨合影

生平简历

1917 年 10 月 19 日	出生于杭州，祖籍浙江鄞县西乡吴龚村
1924—1927 年	就读于杭州湖墅贾家弄小学
1927—1931 年	就读于杭州湖墅新民小学
1931—1934 年	就读于杭州盐务初级中学
1934—1937 年	就读于浙江省立杭州高级中学
1937 年 10 月—1937 年 12 月	就读于杭州浙江大学土木系
1938 年 1 月—1938 年 8 月	杭州沦陷，逃难到上海，准备升学
1938 年 9 月—1942 年 5 月	就读于上海交通大学土木系
1942 年 8 月—1944 年 4 月	上海中南保险公司副理

1942 年 9 月—1943 年 7 月	上海交通中学教员
1943 年 4 月—1943 年 12 月	上海南洋中学教员
1944 年 1 月—1945 年 8 月	上海华中铁道公司铁道研究所社员，主要编制铁路桥梁标准图
1945 年 10 月—1946 年 3 月	上海市公务局营造处建筑课实习生，担任审核及编制预算工作
1946 年 4 月—1946 年 10 月	上海市公务局营造处建筑课技士
1946 年 10 月—1948 年 7 月	上海交通大学土木系助教，担任铁路工程及路线测量方面的辅导工作
1948 年 8 月—1952 年	上海交通大学土木系讲师
1949 年 8 月—1952 年 7 月	月上海大同大学土木系兼职教员
1952 年 10 月—1956 年 4 月	同济大学铁路与公路系、公路系、道路与桥梁系讲师
1956 年 4 月—1958 年 2 月	同济大学道路与桥梁系副教授，道路教研组副主任
1958 年 2 月—1960 年 2 月	同济大学铁路、公路与桥隧系副主任，主要开展塑性水泥混凝土材料及路面结构设计研究
1960 年 2 月—1966 年 6 月	同济大学教务处副处长
1970 年 9 月—1977 年 10 月	同济大学图书馆职员
1977 年 11 月—1980 年 12 月	同济大学图书馆副馆长
1981 年 1 月—1986 年	在同济大学道路与交通工程研究所交工程研究室工作
1986 年 7 月 3 日	因病逝世

主要著（译）作及学术论文

[1] 斯特拉曼托夫. 城市道路设计（上册）[M]. 龚雨雷，等译. 北京：高等教育出版社，1955.

[2] 斯特拉曼托夫. 城市道路设计（下册）[M]. 龚雨雷，等译. 北京：高等教育出版社，1956.

[3] 龚雨雷，吴晋伟. 根据颗粒分析结果计算矿物粒料比面积的方法 [J]. 同济大学学报：自然科学版，1957（2）：83-94.

[4] 龚雨雷，陆鼎中，严家伋，等. 采用塑性水泥混凝土薄层作为铺砌层的路面结构（厚度）设计原则的初步探讨 [J]. 同济大学学报，1959（5）：1-11.

[5] 麦克廖特. 摩尔图和库伦方程式 [M]// 公路工程参考资料（第十二辑）. 龚雨雷，译. 北京：人民交通出版社，1964：2-27.

[6] 巴柏尔. 三轴压缩试验结果在柔性路面厚度计算中的应用 [M]// 公路工程参考资料（第十二辑）. 龚雨雷，译. 北京：人民交通出版社，1964：27-55.

[7] 尼契卜. 用以测定沥青混合料塑性性质的三轴剪切试验方法 [M] // 公路工程参考资料（第十二辑）. 朱以敬，译. 龚雨雷，校. 北京：人民交通出版社，1964：56-90.

[8] 塞柯尔，莫尼斯密司. 用黏弹性原理对地沥青混凝土三轴试验数据的分析 [M]// 公路工程参考资料（第十二辑）. 龚雨雷，译. 北京：人民交通出版社，1964：90-114.

[9] 施密特，米勒. 由车轮荷载引起的路面弯沉的光学测量 [M]// 公路工程参考资料（第十二辑）. 龚雨雷，译. 北京：人民交通

出版社，1964：114-129.

[10] 绍普，高茨. 沥青混合料的强度和体积变化的性质［M］//公路工程参考资料（第十二辑）. 龚雨雷，译. 北京：人民交通出版社，1964：130-172.

[11] 哈尔格特，强生. 沥青混合料伸张和压缩试验中的强度性质［M］//公路工程参考资料（第十二辑）. 龚雨雷，译. 北京：人民交通出版社，1964：173-190.

[12] 周商吾. 交通工程［M］. 龚雨雷，主审. 上海：同济大学出版社，1987.

龚雨雷所译的《公路工程参考资料》

龚雨雷所译的《城市道路设计》(上、下册)

周商吾等编著，龚雨雷主审的《交通工程》

马地泰先生小传[①]

(1911—2005)

马地泰

马地泰，铁道工程专家、教育家，三级教授。长期从事铁路线路构造方面的教学与科研，解放后编写了我国第一份铁路线路构造课程的讲义，主编该课程的统编教材《铁路线路构造与业务》，为我国铁路线路构造课程奠定了基础，对铁路缓和曲线理论有所发展，为高速铁路发展做出了贡献。曾在抗日战争爆发后，艰辛编著我国第一本关于战地工程方面的专业著作《战地工程》。爱国名将、时任国民政府军事委员会副委员长的冯玉祥将军亲笔为该书题词："战地工程书——我们要用最新的科学工程抵抗民族敌人"。

1911 年 9 月，马地泰出生于浙江鄞县百梁桥村

① 马地泰先生小传由编委会整理编辑。

“马东房”。在宁波效实中学读初中，后在上海交通大学预科和复旦大学预科各学习一年。1930 年 8 月，考入复旦大学土木工程系，并于 1934 年 1 月本科毕业，留任复旦大学土木工程系，先后任助教、讲师，1946 年起任教授。

1938 年春，复旦大学上海补习部开学，直至 1949 年 5 月上海解放，在这段时期内，马先生先后在上海复旦实验中学、上海苏州工业专科学校、上海东华大学、上海交通中学、上海市工业专科学校、上海复旦中学、上海光华大学和金华英士大学兼课。在中学主要教授高中数学、物理的课程，在其他学校教授平面测量、路线测量、钢筋混凝土设计、都市给水、工程契约、铁路定线等课程。马先生在新益地产公司、艺华工业社和上海江淮工程救济专款监理委员会也兼任职员。

除了任职任教外，经人介绍，马先生还相继在 1942 年加入中国技术协会，1946 年加入中国科学社，1948 年加入中国水利工程学会上海分会并担任干事，1950 年加入教育工作者工会，1951 年加入上海市科学技术普及协会。1960 年代曾任上海市杨浦区政协常委。

1951 年，复旦大学土木工程系调整到上海交通大学，马地泰先生随同调到交大土木系任教授。1952 年全国高校院系大调整，上海交通大学土木系调整到同济大学，马先生曾任同济大学铁路系铁道工程教研室主任。至 1982 年 8 月退休时，马先生从事教学工作 48 年。

马地泰先生具有强烈的爱国主义和用科学工程抗日救亡的决心。抗战烽火中，他认识到工程在战时的重要性，在任职任教的同时，节衣缩食，艰辛编著了《战地工程》一书。这是我国第一本关于战地工程方面的专业著作，体现了知识分子用科学技术抵御民族敌人的爱国精神。爱国名将、时任国民政府军事委员会副委员长的冯玉祥将军亲笔为该书题词：“战地工程书——我们要用最新的科学工程抵抗民族敌人”。该书在香港、重庆多次再版，发行量很大。

马地泰先生长期从事铁路线路构造教学和科研，一生著述颇丰。1942 年厚生出版社出版了他编著的《铁路工程》，这本书成为当时的中国工程师手册之一。他于解放后编写了我国第一份铁路线路构造课程的讲义，1961 年人民铁道出版社出版了他主编的《铁路线路构造与业务》（上册），成为全国统编教材，为我国铁路线路构造课程奠定了基础。1982 年中国铁道出版社出版了他编著的《铁路缓和曲线理论和类型》，他还发表了《缓和曲线的叠加类型》《缓和曲线通论》《五次方缓和曲线详论》《论缓和曲线的叠加》《续论缓和曲线的叠加》《中 3 型三段组合式缓和曲线》等缓和曲线研究论文，对铁路缓和曲线理论的发展有所帮助，并为高速铁路的缓和曲线设计提供计算公式和实测数表。马先生另著有《路线测量》和《铁路公路介曲线》两书，虽已完稿，但未出版。

马地泰先生对业务精益求精，并且能笔译英、俄文专业书刊。从事教学期间，曾开设过微积分、工程力学、应用力学、结构力学、平面测量、路线测量、铁道工程等课程，工作不论大小，他都认真对待。马

马地泰先生晚年

先生为中国的铁道工程事业奉献了一生，培养了一批学术栋梁和优秀人才，并为我国铁道工程专业教学的多门课程奠定了基础，为培养大量铁路工程技术人才发挥了重要作用。作为学术后辈，我们要永远铭记以马先生为代表的老一辈交通人在铁道工程行业的勤勉探索和奉献精神，为我国交通事业发展继续添砖加瓦。

马地泰先生在书桌前的照片

生平简历

1911 年 9 月 21 日	出生于浙江鄞县百梁桥村“马东房”
1918 年 8 月—1924 年 7 月	宁波启源小学、鄞县第四小学学习
1924 年 8 月—1928 年 7 月	宁波效实中学初中学习
1928 年 8 月—1929 年 7 月	上海交通大学预科学习
1929 年 8 月—1930 年 7 月	复旦大学预科学习
1930 年 8 月—1934 年 1 月	复旦大学土木工程系学习
1934 年 2 月—1937 年 1 月	复旦大学土木系助教（测量实习；结构学、结构设计课辅导）
1937 年 2 月—1940 年 1 月	复旦大学土木系讲师（讲授微积分、平面测量、路线测量等课程）
1938 年 8 月—1943 年 7 月	兼任上海复旦实验中学教员（讲授高中数学）
1939 年 2 月—1941 年 12 月	兼任上海苏州工业专科学校土木科教授（讲授平面测量、路线测量）
1940 年 2 月—1945 年 7 月	复旦大学土木系副教授（讲授铁道工程、结构学、工程力学等课程）
1944 年 8 月—1945 年 1 月	兼任上海东华大学（之江东吴联合大学）土木系教授（讲授钢筋混凝土设计）
1944 年 8 月—1945 年 7 月	兼任上海交通中学教员（讲授高中数学）
1945 年 8 月—1951 年 7 月	复旦大学土木系教授（讲授铁道工程、

	结构学、钢筋混凝土等课程）
1947 年 2 月—1949 年 7 月	兼任上海市工业专科学校土木科教授（讲授都市给水、工程契约）
1947 年 8 月—1949 年 7 月	兼任上海复旦中学教员（讲授高中物理）
1947 年 8 月—1948 年 1 月	兼任上海光华大学土木系教授（讲授都市给水）
1948 年 8 月—1949 年 1 月	兼任上海光华大学土木系教授（讲授都市给水）
1948 年 8 月—1949 年 1 月	兼任金华英士大学土木系教授（讲授路线测量、铁路定线）
1948 年 6 月—1949 年 5 月	兼任上海江淮工程救济专款监理委员会工程师
1951 年 8 月—1952 年 7 月	上海交通大学土木系教授（讲授铁路工程（一）、铁路站场设计课程）
1952 年 8 月—1953 年 6 月	同济大学铁路公路系教授
1953 年 7 月—1957 年 7 月	同济大学铁路系教授（三级）兼铁道工程教研室主任
1957 年 8 月—1959 年 7 月	同济大学路桥系教授，兼路桥系工会主席
1959 年 8 月—1982 年 8 月	同济大学路桥系教授，曾任上海市杨浦区政协常委
1982 年 8 月	退休
2005 年 11 月 28 日	逝世

1991 年马地泰八十岁生日时与前来祝寿的学生在图书馆前合影

1961 年 4 月，教研室科研出差合影，拍摄于南京中山陵，前排左三为马地泰

1987 年 8 月，马地泰与家人合影，拍摄于上海同济新村村三楼前

主要著（译）作及学术论文

［1］ 马地泰. 战地工程［M］. 北京：商务印书馆，1938.

［2］ 马地泰. 铁路工程［M］. 厚生出版社，1942.

［3］ Smith Gale Neelley. 解析几何学［M］. 邱调梅译，马地泰校订. 上海：世界书局，1946.

［4］ 马地泰. 铁路线路构造与业务（上册）［M］. 北京：人民铁道出版社，1961.

［5］ Γ·M·沙湖年慈. 铁路路基（第四册）［M］. 马地泰、毛经权、洪建华合译. 北京：人民铁道出版社，1961.

［6］ 马地泰. 铁路缓和曲线理论和类型［M］. 北京：中国铁道出版社，1982.

［7］ 马地泰. 五次方缓和曲线详论［J］. 上海铁道学院学报，1983.

［8］ 马地泰. 论缓和曲线的叠加［J］. 上海铁道学院学报，1985.

［9］ 马地泰. 缓和曲线通论［J］. 铁道工程学报 .1985.

［10］ 马地泰. 铁路缓和曲线理论和类型［M］.2 版 . 中国铁道出版社，1986.

［11］ 马地泰. 续论缓和曲线的叠加［J］. 上海铁道学院学报，1987.

［12］ 马地泰. 缓和曲线的叠加类型［J］. 铁道学报，1988，10（1）：42—58.

［13］ 马地泰. 中 3 型三段组合式缓和曲线［J］. 上海铁道学院学报，1989.

马地泰校订的《解析几何学》

马地泰所著《铁路工程》

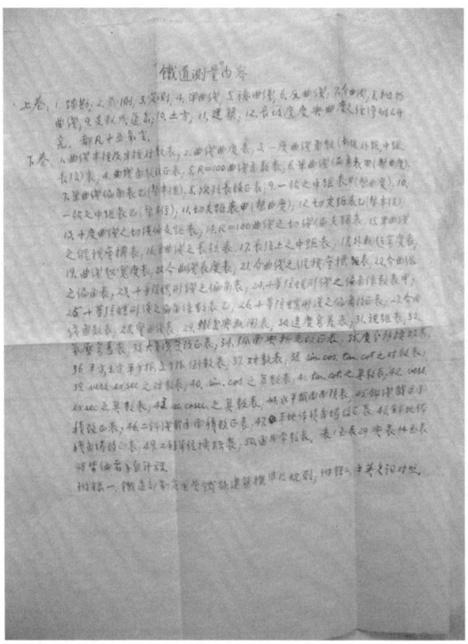

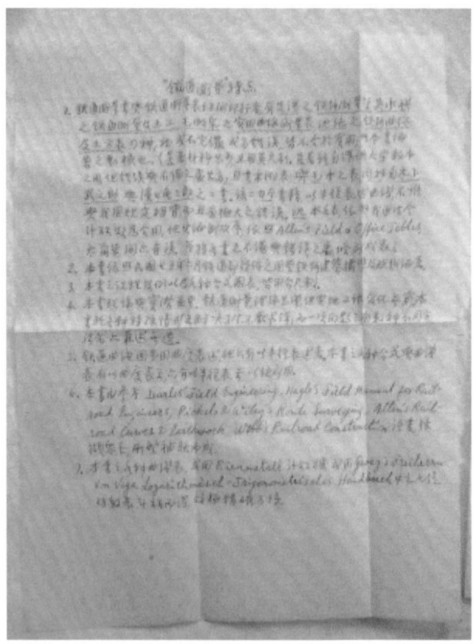

马地泰撰写的“铁道测量”内容及特点

下 篇

尊前谈笑人依旧

20 世纪 50 年代全国高校院系调整之后，汇聚到同济土木的一批先师为道路和铁道学科带来了不同流派的学术思想和治学风格。他们迅速交流、融合，关注国家发展、紧扣时代要求，开发课程、编译教材、悉心育人、潜心研究、倡导实践，全面开展人才培养和科学研究，合力拓展出道路工程、铁道工程、城市交通的全新学术方向和学科框架。他们在学术上的思想碰撞、观点论争，在育人中的循循善诱、提掖后学，在为人处事中的务实担当、豁达乐观都给年轻学者和学生产生了潜移默化的影响，留下了深刻的印象。本篇汇编了曾追随童大埙、翁朝庆、陈本端、李秉成、龚雨雷、马地泰等六位先师奋斗、学习、生活多年的学生、亲属、同事及朋友的纪念文章，追思先师们工作和生活中的一言一行，寻求在一代代“同路人”中践行传承的“思行合一，交融成艺”的精神本源。

深情缅怀童大埙教授[①]

孙　章

2011 年 2 月 11 日，童大埙教授与世长辞。童教授虽然永远离开了我们，但他的音容笑貌仍栩栩如生，历历在目，令人久久难以忘怀。

2011 年 2 月 19 日下午，童大埙教授遗体告别仪式在龙华殡仪馆举行。归真厅内悬挂的挽联集中概括了童教授的百年人生：庚款留英海归立说传后代，教书育人千万学界留美名。

1949 年 5 月上海解放之后，童大埙任教于同济大学，先后担任土木工程系教授，铁道工程系副主任，铁路、道路及桥梁工程系主任。1973 年，奉上级命令，同济大学铁道工程专业并入上海铁道学院，他担任铁道工程系教授、轮轨系统研究所名誉所长、上海铁道大

① 本文选自孙章所撰写纪念文章。

学咨询委员会副主任等职。

1984年，童教授受铁道部高校专业教材编委会的委托，主编《铁路轨道》新教材，于1988年年初正式出版发行，受到了各界的好评和铁道部的嘉奖。在那之后，为了满足学生学习英语的需要，并促进对外学术交流，童教授又花费了一年时间把这本教科书全部翻译成英文，名为*Railroad Track*。这是我国铁道工程专业第一部自编的英文教科书。

童教授在上海铁道学院筹建了铁路轮轨系统研究所，并担任名誉所长。该所在机车车辆与轨道之间的相互作用方面进行了广泛深入的研究，且发表了许多有着较高学术水平的论文，取得了丰硕成果。这在当时部属院校中也属创举。

1987年9月，童教授在原上海铁道学院办理了退休手续，但他仍积极参与国际学术交流，特别是每年举行的“上海·交通与经济学术研讨会”，他不仅参与筹备，还赴日参加研讨会，用流利的英语宣读论文，为中青年教师树立了榜样。另外，他还特别注重培养中青年

童大埙先生在备课

童大埙先生九十岁生日之时与友人交谈中

教师。1997 年 7 月 1 日，童教授送给我刚出版的《铁路轨道基本知识（第三版）》，当时他已 86 岁高龄。

这本书是童教授为铁路局工务段讲习班编写的教材，由于内容理论结合实际，讲解深入浅出，文字通俗易懂，并具有较强的知识性、科学性和可操作性，因而深受现场工作人员的欢迎，发行量超过了 5 万多册。一位德高望重的二级教授，如此重视普及科学技术知识，若没有强烈的责任感和甘为人梯的精神，是不可能做到这一点的。联想起他曾为深受青少年喜爱的《十万个为什么》撰写过许多有关铁路的词条，就更令人肃然起敬了。

1959 年 12 月，童大埙教授被提名为上海市政治协商会议第二届委员会委员，以后又当选为第三、第四、第五、第六届市政协常务委员。他积极建言献策，有一段他向周恩来总理提建议的佳话：他认为同济大学铁道工程系和交大机车系也该同样享受铁路免票，这样做有利于教学与实际相结合。周恩来总理回北京后立即向铁道部部长转达了这一建议，最终建议很快得到了落实。

贯穿童教授一生的就是理论与实践相结合，创造性地解决工程难题。童教授大学毕业后在北平平绥铁路局工作，提出铁路路基应该有一个合理宽度以及根据路基填料的内摩擦角来决定路基边坡坡度，并分别获得全路最高一等奖和三等奖。创造性地解决技术难题是童教授一生的风格。

童教授是全路知名的专家学者，很多领导干部、技术人员都是他的学生，但他从来不摆架子，而是平易近人地和大家一起讨论，耐心地解答技术难题，听过他课的学生和老师都说他的讲课永远有新内容。

据童教授的儿子回忆，他小时候听他父亲说得最多的一句话就是："中国太需要铁路了，全国只有一万多公里铁路，连印度都有3万公里铁路！"在童教授弥留之际，当家人告诉他京沪高铁的最新进展时，他跷起大拇指，示意他感到自豪，因为这正是他一生为之奋斗的事业啊！

（感谢雷晓燕、叶霞飞、顾保南和谭复兴四位教授以及《同济人》执行主编王伯瑛老师为本文提供的资料和照片。）

忆我的导师——童大埙教授

雷晓燕

1982 年年初我大学毕业，有幸考上了研究生，导师是童大埙教授。当我听到这个消息的时候，既激动又有点胆怯。因为童大埙教授是我国铁道工程学科著名的科学家，当时为数不多的二级教授，成为他的研究生，该有多么荣幸；但我又怕自己学识浅薄，做不了一个好学生。当我第一次与童先生见面时，心里真有点紧张，连手脚都不知道往哪里放，但童先生亲切的态度、慈祥的目光顿时使我紧张的心情放松了下来。从那时起，无论是在学术上、生活上还是在做人方面，童先生都给了我永生难忘的指导和帮助。

我的研究生论文是在童先生的引导下、在王午生教授的具体指导下完成的。论文选择了用半解析有限元法分析轨道结构。童先生告诫我们："传统工程结构分析只有与现代计算方法和现代计算工具结合起来，才有突破，才有创新，才有生命力。"20 世纪 80 年代初，有限元方法在我国应用才刚刚开始，将半解析有限元应用到铁道工程来解决轨道结构三维力学分析在国内尚无人尝试过。童先生充分肯定了这一选题的意义，并鼓励我大胆探索。正是在童先生和王教授的悉心指导下，我顺利地完成论文并通过了答辩，该论文还获得了同济大学徐次达教授的好评。

童先生治学非常严谨，对我们要求很严格。对我们写的研究报告和论文，他不仅仔细阅读，亲自批改，指出其中存在的问题，还提出具体的改进意见。记得刚读研究生时的第一个学期，为了提高自己的外语水平，我经常翻译一些科普文章，并请童先生帮忙修改，童先生总是乐意指导。经他指点和修改过的文章真是大不一样：语言生动、准确，文笔优雅流畅，充分体现了童先生扎实的英语基本功和文化素养。1994 年，我们在为参加中日高速交通学术研讨会撰写论文的过程中，对几个专业名词翻译把握不准，我们本想马虎过去，但童先生坚持要我们查阅文献资料，并请教同行专家，直到得到满意的结果为止。童先生嘱咐我们对于关键词一定要翻译准确，否则会引起误解，造成不必要的损失。他对科学事业那种一丝不苟、执着追求的精神给我留下了深刻印象。研究生毕业后，我继续从事铁道工程的教学与科研工作。1998 年，我撰写了《铁路轨道结构数值分析方法》一书，请童先生审阅。当时童先生已 88 岁了，他不顾高龄体弱带来的困难，从系统性、科学性、先进性等方面对书稿提出了非常宝贵的修改意见，并亲自为这本书作序，给予了我极大的鼓舞。

人生的幸运事之一是得到名师指点，我就是这样一个幸运儿。今天我能取得一些成绩，是与童先生的教导和栽培分不开的，这其中还包括王午生教授的培养和教研室其他老师的帮助。

童先生是我国著名的铁道工程专家，中国铁道工程学科的开拓者之一。六十多年来，他为我国的铁路建设事业培养了许多优秀人才，在讲台和实验室洒下了的心血，栽培出满天下的桃李。童先生在事业上不息追求和奋斗的精神，永远激励着我们加倍努力地去学习、兢兢业业地去工作、朝气蓬勃地去生活。童先生是我最尊敬的导师，是我一生的楷模。他的离世，不仅使我们失去了一位好导师，对我们铁道工作科技、教育领域也是一大损失。我们要化悲痛为力量，继承他的遗志，为继续繁荣我国铁道工作科技、教育事业而努力奋斗。

铁路教育家童大埙先生百年人生

郦　萌

童大埙先生，上海市崇明县（现为崇明区）人，生于1911年（宣统三年）。先生自幼聪颖，4岁入桥镇小学；16岁自南洋公学附中毕业直升铁道部交通大学，初攻电机，复攻土木，成绩优异，多获褒奖。因家境清寒，弟妹众多，难以支撑长期求学所需的费用，先生除平时节衣缩食外，利用课余时间为附近高中讲授数学课以补欠缺。

童大埙先生1929—1931年在交通大学就学时摄于原图书馆

童先生20岁大学毕业，进平绥铁路局实习。平绥铁路是詹天佑先生主持修筑的京张铁路的延伸，大部分线路地处塞外，员工生活异常困苦，福利待遇也很差。童先生对此则颇为坦然，离家千里而行无难色。京张铁路虽然举世闻名，但是平绥全线由于经费短缺，工期紧迫，线路状态并不是很好。实习不久童先生即升任工务员（相当现在的工务助理工程师）。他利用业余时间，通过调查研究，对沿线钢板桥梁的加固以及坡度削减提出了见解，并撰写了 2 篇论文。由于立论正确，论据确凿，获得全路的一等奖和三等奖，并颁发奖杯以资表彰。

1934 年，国家招收庚子赔款留英公费生，其中有铁道工程专业 1 个名额，当时应考者中，来自名牌大学的好手如云。考试结果先生名列榜首，遂于当年 8 月 21 日启程赴英，时年 23 岁。在英国，先生入伦敦大学帝国理工学院就读，受业于结构理论权威、皇家学院院士 Pippard 教授，进行铁路轨道和桥梁结构的研究。1937 年春，完成论文答辩，获工程硕士学位并往德国全境考察铁路。同年夏天接受国立湖南大学的聘请回国执教。途中抗战爆发，不得不在香港提前登陆，经广九、粤汉铁路到达长沙。但家眷因战火迅速扩大陷于老家，后经几千里辗转方得团聚。

在湖南大学，童先生讲授铁路测量、铁道工程、铁路养护等课程。为了精益求精，每上新课必先独自试讲，务必做到让听课学生理解明白。平时对学生循循善诱，悉心指导，得到学校上下一致的好评。1939 年，抗日战争正面战场节节失利，湘鄂吃紧，湖大西迁，师生星散，童先生只得离开湖南大学。此后，直到 1949 年新中国成立，童先生到同济大学任教，经历了战乱的流离颠沛，也经历了胜利以后急剧动荡的国内局势。在那样复杂凶险的环境中，无法倾心将自己在国外所学用于祖国的铁路发展事业，先生对此时常引为憾事。但在此期间，先生利用在教育部任职的机会，选拔了一批优秀青年学生出国深造，这也算是为国家做了一件好事。后来他们中的大多数人都成为新中国经济建设事业的骨干。

自从在同济大学再执教鞭后，正逢国家大规模建设。祖国铁路发展的宏伟前景不时鼓舞着童先生。他根据自己的切身体会，认为大学铁道工程的教材过去一部分借用国外，与国情多有不符；一部分自编讲义的引证又有失确切，必须根据铁道部最新规章，重新编写出版以供各院校使用。从 1951 年到 1953 年，先生白天上课，课余备课，晚上编写和整理书稿，用 3 年时间先后编写了《铁路曲线及土方》《铁道工程学》和《隧道工程学》3 本教材。由于这 3 本书结构严谨，内容充实，且结合中国的实际情况，能够解决铁路建设中的实际问题，所以一发行就受到读者的欢迎，发行量均在 5 000 册以上，其中《铁路曲线及土方》一书更达万册，在当时的科技图书的出版发行中实属罕见。1953 年以后，大量苏联专家来华帮助中国建设，童先生又编写了一批取材于苏联大学教材的参考书和工具书，以适应当时的需要。为此，童先生不顾自己已过不惑之年，从头开始攻读俄语。所有这些奠定了童先生在铁路高等工程教育中的学术地位。

童先生担任同济大学铁道工程系副主任，并在 1956 年被正式评为二级教授，1959 年起又担任铁路、道路及桥梁工程系主任。在任期间，先生深深感受到在非铁道部院校办铁道工程专业的困难之大，但仍积极为克服这些困难而奔走呼号。他在周恩来总理在沪召开的高教界座谈会上慷慨陈词，强调有铁路专业的各院校在某些具体问题上应得到同等待遇的必要性，如参加铁道部召开的教育或科研工作会议；分配教育与科研任务；下达有关技术规程的文件；保证参观实习及师生出差享受同样的免票待遇等，盼望得到解决。时隔不久，先生进京出差，铁道部刘建章副部长接见了他，并让秘书告知，总理关心和落实此事的经过。后来会上所提的各项建议都先后得到落实。周总理关心铁路教育事业使童先生备受感动。除了参加铁道工程专业的本科教学工作外，先生在“文化大革命”以前，先后培养了 3 名研究生。他们现在有的是研究员，有的是博士生导师，有的长期担任铁路局技术领导工作，都是我国铁路铁道工程学科的知名学者。特别是，这些弟子也都继承了先生的风范，学识渊博、为人端方。

“文化大革命”后期，童先生以花甲之年重登讲台，决心将失去的时光重新找回来。在这些年里，国外为适应列车的高速化，已经改造了传统落后的轨道结构，轨道力学已从单纯描述轨道自身各个成分之间的相互作用发展到同时描述轨道和车轮之间的相互作用，使用的研究工具也已今非昔比。为赶上世界铁路新技术发展的潮流，先生组织教研室同事一起翻译了美国普林斯顿大学出版的《轨道力学及轨道工程》一书，让大家了解和认识近年来国际上这门学科发展的新情况，同时在研究生和青年教师中开设轨道力学选修课。在这期间又培养了 4 名研究生，为我国铁道工程学科的研究与发展注入了新生力量。

1984 年，童先生受铁道部教育司委托主编《铁路轨道》的新教材，组织了我校和西南交大、北方交大的同行教授参照当时世界轨道学科的最新成就，旁征博引、去粗取精，反复比选，归纳完整。该书以油印本先请各校试用，征求意见。全书于 1987 年定稿、1988 年正式出版，先后印数达 1 万册，受到业内普遍的好评，并获得铁道部的嘉奖。此书后来又译成英文版 *Railroad Track*，供对外交流以及高年级学生学习专业外语之用。童先生撰写的《焊接长钢轨的纵向温度应力分布》一文，应邀在美国铁道工程学会年会上作报告，且受到高度评价，并刊登在当年的会刊上。童先生也十分重视普通铁路工务人员的知识更新，不顾自己年事已高，深入站段进行现场教育，让工务人员边学边练，直到学懂为止。他为现场教育而专门编写的教材《铁路轨道基本知识》先后3版，印行5万余册，遍及全国铁路各个基层工务部门。

童先生参与筹建了原上海铁道学院轮轨系统研究所，并担任名誉所长。他曾经是铁道部铁道科学研究院第三、第四届学术委员会委员和第五届名誉委员，上海市政治协商会议第二届委员会委员和第三、第四、第五、第六届常务委员，上海市职称评审委员会土木学科专家组成员。他在铁道工程学科享有崇高的学术威望。

多年来童先生直接培养的学生遍及五湖四海。受先生严谨学风、高尚人格影响和熏陶的后辈，包括曾由先生选送出国留洋后学业有成、服务祖国、蜚声海外的学者不可胜数。

童先生“耄期称道，直亮多闻”。每见总是神采奕奕，思维敏捷，记忆清晰，见解精辟，令大家称羡不已。

2000年10月

告别式上悼词

翁朝庆教授治丧委员会

同济大学翁朝庆教授，因患肺源性心脏病，于1981年2月17日不幸逝世，终年70岁。

翁朝庆教授，江苏省常熟人，1933年毕业于交通大学唐山工程学院。历任工务员、副工程司、工程司、主任工程司等职，并在西安东北大学工学院兼任教授。抗战胜利后，曾任上海市工务局科长兼光华大学教授。解放初期，担任光华、大同、同济、上海工专等校和华东交通专科学校教授。全国高校院系调整后，一直任同济大学教授一职，并曾担任过铁路公路系的筹备人、道路教研室主任和公路研究所学术委员会主任等职务。

翁朝庆教授把一生的主要精力都贡献给了道路建设事业，特别是新中国成立三十余年来，不遗余力地致力于道路专业的教学工作，兢兢业业，诲人不倦，为国家培养了一大批技术人才。苦心孤诣，积极推动和开展了路基和路面的科学研究工作，并取得了良好的成效。翁先生知识广博，学而不厌，编写了多本著作，为提高道路专业的科学水平做出了贡献。十年浩劫期间，翁朝庆教授的身心也受到了很大的摧残。1974 年 9 月因病退休，但仍抱病在科技情报和资料翻译方面做了不少工作，竭尽所能，把自己的余力献给人民，献给祖国。

翁朝庆教授同我们永别了。翁教授毕生所从事的道路事业，现今仍较落后，有待我们同心同德，奋发努力继续完成。让我们化悲痛为力量，在党中央的领导下，学习翁朝庆教授那种刻苦钻研勤勉一生的精神，为建设富强的社会主义祖国而奋斗不息。

翁朝庆教授千古！

1981 年 2 月 22 日

忆导师翁朝庆教授

姚祖康

1955年夏，路桥系开始招收公路与城市道路专业研究生。起初，研究生学制定为三年，而后随本科由四年改为五年而增加为四年。我本科毕业后留校继续读研究生，有幸分配在翁先生门下，进行路基方向的学习和研究。作为国内公路与城市道路专业第一批研究生导师，翁先生也很是兴奋，记得他欢迎我们的第一次聚会，是在上海著名的红房子西菜馆，设宴招待我们吃西餐，让我倍感亲切、欢欣和荣耀。

按照研究生培养计划，须完成两门专业基础课程的学习和考试：道路建筑总论课和路基学专论课。前者覆盖了整个道路工程领域，包括路基建筑、路面建筑和养护；后者则针对我的研究方向，以把握国内外的研究现状和发展动向。导师只给出了两页纸都未写满的大纲和数本指定参考书，我们要在这个框架内查找文献自学，在参阅大量书刊文献，通过分析和归纳，觉得已经掌握课程的要领和充足的知识后，便可提出课程考试申请。

20世纪50年代以学习苏联为中心。那个时期的先生们，大多熟悉英语，而迫于形势和教学要求，在短期内采用“速成法”学习俄语，能熟练掌握俄语的并不多。翁先生自学俄语，在先生们中是最勤奋的一位。除了赶译苏联的专业教材以供教学应急需要外，他不辞辛劳地大量收集、阅读和翻译新近的俄语技术文献，并在专业书刊上发表和出版，将新概念和新技术及时向国内同行宣传推广。我在自学两门专业基础课程时，注意紧跟翁先生的涉略范围，尽可能多地收集、阅读书刊资料，以冀在考试小组（由三个考试委员组成）进行课程口试时，可以正确回答先生们的提问。在翁先生的影响下，经过这种课程学习方式的锻炼，很有成效地培养了自己的阅读习惯和分析能力。

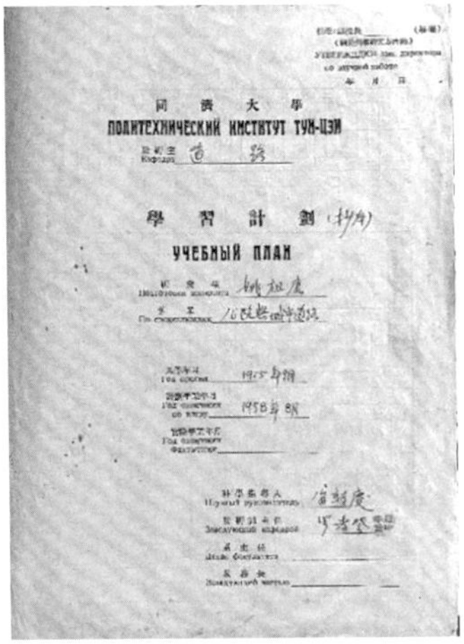

同济大学
ПОЛИТЕХНИЧЕСКИЙ ИНСТИТУТ ТУН-ЦЗИ
學習計劃
УЧЕБНЫЙ ПЛАН

研究生入学时制订的学习计划

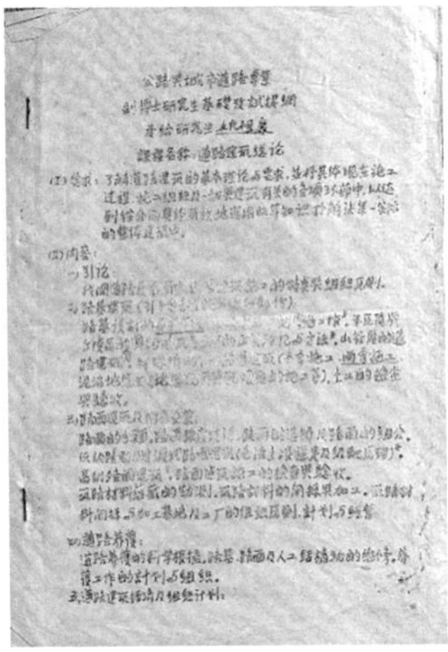

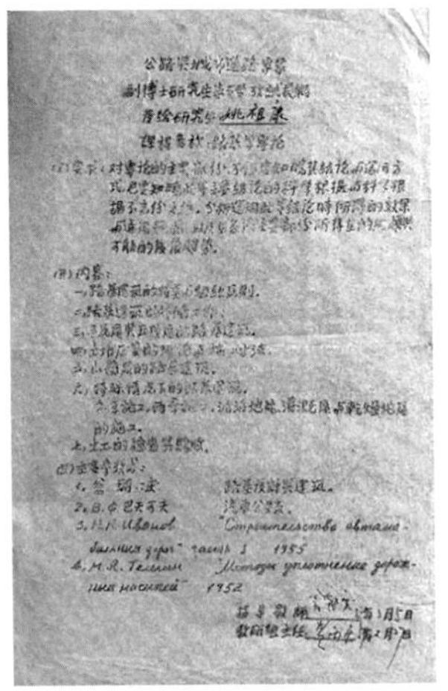

基础课程（道路建筑总论课和路基学专论课）考试提纲

翁先生指定了“路基压实”作为我的研究课题。为了熟悉土的压实特性和压实度测试方法，并摸索课题的具体研究方向，翁先生让我制订试验计划，先在道路实验室内进行室内试验，接着又去山东潍坊的机械化筑路工地进行施工机械实际压实效果的野外测定试验。通过实际操作和观测，我积累了感性认识，锻炼了动手能力。

研究生期间，翁先生接受了“黄土地区筑路问题”科研任务。1956 年起，多次带队（陕西省交通厅设计院、北师大地理系等）赴陕北进行黄土调研。1958 年，翁先生让我结合压实研究开展黄土土桥的调查研究。1958 年 9 月，调查组共赴陕北黄土高原，分组行动进行调研。到宜君后，他带领边坡小组北行调研，我则带着简易仪器和行李，雇了小毛驴驮运，独自沿宜君—延安公路徒步调查黄土土桥的修筑和使用状况，并测试其压实性能。基于前两年试验工作的锻炼和经验积累，我顺利完成了调研任务，并受到了翁先生的肯定和赞誉。1959 年课题结束，次年，研究成果汇集后交由人民交通出版社出版。

1958 年 9 月陕北黄土土桥修筑现场场景

四年研究生生涯，得益于翁先生的指导，我培养了读书和动手做试验的习惯，锻炼了自学和分析思辨的能力。

20世纪60年代初，交通部和同济大学合作设立上海公路研究所，公路方面的主要研究方向为柔性路面结构设计，由林绣贤先生主持。教研组的朱照宏先生等配合公路所的研究，提出“路基路面综合设计理论和方法”的立题设想，开展弹性层状体系理论的研究。翁先生积极参与了课题研究方向和大纲的讨论，并带领和指导研究生参与此领域的研究。1964年初，外文书店出售美国州公路官员协会（AASHO）道路试验的《路面研究报告集（1962）》的影印本，翁先生迅即购到。这是以道路试验结果为基础建立的经验法路面结构设计方法，与国内以苏联方法为指导思想的设计规范和正在开展的研究工作大相径庭。翁先生为了使同行们能参阅学习，开拓设计思路和方法，不辞辛劳地迅即投入大量精力，翻译了这本厚达352页的报告集。译稿拟交由人民交通出版社待出版，后因“文化大革命”而中断。

翁先生身板看起来较为羸弱，烟瘾很重，后因罹患肺气肿而戒除。他家住复兴中路，因路途较远和身体缘故，不到学校上班，也很少参加每周二下午的教研组会和每周五下午的政治学习会。一些行政杂事和简单商议一般都安排在他来校上课之前，而有关学生答疑等则多半放在课后。许多政治活动或聚会活动，他也很少参与，像是个游走在集体之外的“独行侠”。记得1958年初夏搞爱国卫生运动的除四害活动，我们爬到工程试验馆（教研组所在地）屋顶上敲打金属器具惊吓和驱赶麻雀时，他却意外地到场了，并在事后写了《捕雀有感》的文章刊登在校刊上。

每个人都是独一无二的。各人在不同的时空和社会环境中寻找着自我适应的生存对策。翁先生在 20 世纪 50 年代的各项政治运动中都能幸免于灾，而在“文化大革命”初期，却如大多数老教授那样，未能逃脱被抄家和批斗的厄运，但相对于其他老教授来说，他所遭受的苦难并不算深重。

生命本身其实是无意义的，但每个人活着都想、都要、都会为自己活出自认的意义来。翁先生毕生为了推动道路建设和教育事业的发展，奋发努力、苦心孤诣，埋首于笔耕。有的人说翁先生是孤傲的，而翁先生本人则可能会认为他坚持着自我认定，并获得了自我生命的意义。

每个各不相同的人都走向一个共同的归宿，都会湮灭，并被快速遗忘。翁先生离开我们已有三十七个年头，他的足迹渐行渐远，已经依稀难辨了。现今的年轻人可能很少闻悉道路界这个曾为道路事业尽心尽力的前辈。技术书籍文献，不像人文学科的著作那样可以流传千古，如今可能很少有年轻人会去研读翁先生呕心沥血写就的大作了。作为翁先生的弟子，相隔这么多年再来缅怀当年的经历和感受，一方面是为了感恩先生当年的授予和教诲；另一方面则是希望先生的音容笑貌和光辉业绩能在一代代年轻人的心中继续留存下去。

2020 年 2 月 1 日

翁朝庆导师牵挂的两件事

赵学勐

1933 年，翁先生毕业于交通大学唐山工程学院土木系。在近半个世纪的岁月中，走的地方多，工作职务变化多。可是，万变不离其宗的是人一直围着公路工程在转，家也就跟着不停搬迁。翁先生给孩子起名字，与地名有关，巧妙地记录下家庭移动轨迹，按其长幼，依次为：祖平（生于甘肃省平凉市）、祖婴（生于兰州市萃英门）、祖唐（生于上海市唐山路）、祖华（生于上海市华山路）。通用的“祖”字的意思，不言而喻是孝敬祖先，翁先生做到了。他一生最关心的事是什么，我无法知道，可是根据 1956—1959 年期间，我与翁先生去北京、西安、陕北、兰州的四次出差经历，听他谈起最多的两件事，给我留下了深刻印象，对我的触动也比较大。对翁先生而言，所经历的周折、劳累之多，外人是想象不到的。

家　事

期望孩子做到优秀是人之常情。在那个年代，学校里以“三好”

为目标，起到了激励作用，收效也颇为显著。翁先生对孩子的要求比较高，这与家庭条件有关。他本人多才多艺，能够清唱京剧，在同济大学教职工文艺汇演时，还登台演出过；平时在家爱听古典音乐，小儿子得守在一旁及时调换唱片。夫人金学溪女士，有体育、艺术方面的素养，曾在1950年获得上海徐汇区武术协会武术表演冠军称号。所以，他们对孩子提出了德、智、体、美（育）全面发展的目标。为了创造良好的学习音乐的环境，借黄土研究工作之际，他想调换工作去西安，让儿子到西安音乐学院去学习。这个一举两得的计划最终却没有实现。陕西方面欢迎他去西安是从长远考虑，把交通研究所尽快办起来，就当时来说，有国家下达的12年科学规划中的黄土研究任务，需要继续做下去。可是，那个年代商品货物买卖都是计划分配，何况人乎！这一难度太大的事，进行不下去也是必然的。可是，人的性格有遗传性，翁家人的性格中就有着坚持。

似水流年，一转眼60年过去了。一个偶然的机会，从网上看到翁元庆的名字。他是翁先生的堂兄，是铁道科学院铁道建筑研究所的研究员、副所长。后来才得知，1954—1958年，他因在包头—兰州铁路的中卫沙漠地区修筑沙漠路基的试验研究成功，获得铁道部科技进步一等奖，1987年又获得国家科技进步特等奖。这位堂兄是他特地向我讲起的，也是唯一的。我曾设想，兄弟二人，一个在治理沙漠，一个与黄土打交道，都在西北，都在一条路上，都是啃硬骨头，又都是交通大学唐山工程学院毕业的。兄弟之间，耳濡目染，良性互动，上演一出“翁家军”战斗在包兰铁路上，也可算是一段佳话。顺藤摸瓜，沿着翁元庆这条线索，最终于2017年5月25日在常熟市翁同龢纪念馆找到了翁家后代的信息。2017年12月11日，在上海一起聚会时，得知三子翁祖唐在洛阳开办小提琴学习班，培养音乐人才，四子翁祖华会拉大提琴。总算圆了翁先生的梦想。孙子翁南峰，虎虎有生气，学计算机专业，却有心到旧书网上买回爷爷编写的书籍近十本，作为纪念物收藏。其中，有一本名为《怎样看道路建筑施工图》，书中文图并茂，全书15 000字，定价0.14元，印数8 600册，由人民交通出版社于1956年11月出版。该书的内容提要写道："这本小册子是为从事道路建筑工作的工人而编写的，在阅读之后可以对施工图有整体的了解。"我不由自主地想着，一个人，心中装着家人，还在关心数以百万计的工人专业文化水平的提高，这是一种怎样的精神？平心而论，这一做法反映出对工匠精神和其作用的重视。现在仍然可以从网上搜到翁朝庆的名字，说明他没有被岁月埋没。

翁朝庆编著的《怎样看道路建筑施工图》

工作事

1959年3月，在西安召开了"黄土地区公路设计调查研究经验交流会议"，翁先生也作了"关于黄土路堑边坡稳定性的研究工作"的简短发言，提出了"排水保土"的口号，作为稳定黄土路堑边坡的目标。应邀参加会议的地质专家张宗祜先生在发言中讲到，国家有一个大政方针是"水土保持"。"排水"与"保水”正好相反。我也想，路基边坡是人工构筑物，要保持设计的工作状态，不能容许地表水侵入或冲刷。翁先生当即回答：“这种‘排水保土’的观念与农田水利方面的‘水土保持’观念是相结合的。本文只谈的是路堑问题，只把水排到路堑范围以外，并不是排到山下。如果在路堑以上的一定距离内把水截留住也很好。填筑路堤时更有与土坝合而为一的可能性。”他比我想得要全面、深刻得多。可在实际工程中要做好防护加固工作是十分困难的。记得1957年，曾在兰银铁路9公里处用沥青处治边坡坡面和边沟，沥青虽然可以渗入黄土中达2厘米深，但在斜坡上，遇水冲刷，即像油毛毡一样卷起、破损、坠落，试验没有做成。1958年，他又曾提出应用立体摄影制图技术来测定主要的塌方断面和稳定边坡断面作为研究的依据，由于难以就地长期树立标点，最终只能半途而废。即使如此，他坚持防护加固的观念一直没有改变。

1965年，陕西交通科学研究所曾邀请近二十家高校、研究院所、设计院、工程局对“考虑垂直裂隙影响的黄土挖方边坡稳定计算”研究成果进行评审，大部分单位的专家、教授和同济大学的俞调梅教授一样，对力学分析和土力学指标的试验方法写出了详尽的评价意见和建议，收获颇丰。翁先生则一如既往地提出：“这里列的是一种计算方法。但最主要的是要把垂直裂隙先填塞，免得地面水流入，使边坡的水文情况恶化。在实际作业中，我们不允许没有填塞垂直裂隙的情况出现。”这一意见是十分宝贵的，但超出了研究项目的大纲，而这些工作须在工程投资有保证的情况下，由专业单位来实施。

改革开放以来，国家的面貌有了翻天覆地的变化，公路、铁路的技术标准随着等级的提高而提高。环保要求有了一票否决权。边坡绿化辅之以工程措施（应用砌筑混凝土预制块做成拱形、方格形图案）进行边坡加固防护，且已有专业绿化公司从育苗、施工、养护等方面实行一条龙服务。一些路堑看上去像绿色胡同，美不胜收。翁先生牵挂的黄土路基工程的安全大事，已经在高速公路、高速铁路、一般铁路上均得到解决，且从中积累了丰富的经验，正在逐步向普通公路推行。

翁先生坚实的专业功底、超前的思维、内刚外柔的性格、“不说了”的处事态度，值得我学习一辈子。

翁先生，您安息吧！

2018 年 2 月 26 日

黄土高原随行小记

王哲人

大学时代同济的老班长钱炳华告知，正在组织编写对翁先生的纪念文集，让他协助收集照片。在寻找的过程中，却静不下心来，往事不断浮现。虽不是研究生时的指导老师，但对翁先生却别有一番心情。何况，1956 年夏，自己有幸作为黄土调查组的成员陪同先生去陕北待了约半个多月。

根据道路行业在世界各国的发展动向，以及同济大学与上海市政的密切往来，七名副博士研究生起初都拟以沥青路面为研究方向。最后，除了选题沥青混合料及结构设计理论的各有一人之外，其余选题分别为边坡稳定、路基压实、土基水温状况、石灰稳定土与沥青稳定土。总之，离不开一个“土”字。应该说，翁先生对学生们起到了潜移默化的影响，因为翁先生在学生心目中比较具有影响力。他讲课不仅结合生产实际，而且做了针对性以及方向性的分析。当年我国道路行业的主要问题是“晴雨通车”。这里并不存在是与非，但确实有个针对现实的综合优选。

黄土调查，坐在解放牌卡车露天车厢的后座，别说风沙迎面而来，颠簸累人之苦，历经铜川、黄陵、洛川、延安、子长、绥德、米脂，长期陷入一片高原黄土的单一色调中，突然榆林的绿色在眼前由点扩展为面时，真是“万分激动，拍案叫绝、百感交集，永世难忘”。据老人说黄土高原在古代并非寸草不生，而是青山绿水，至少部分历史记载中有写道“八百里秦川”。事后，就论文选题深有体会，虽然当时并没太多想法。

黄土调查相处半个多月的一些小事，当时也只是一些难忘的记忆，但随着阅历的渐长，才明白其中的含义。

没到西安之前，翁先生就谈起西北的羊肉泡馍。在西安，教授领我们品尝的美味并不是在饭店，而是特意找了古老风味浓厚的小摊。当我后来知道先生曾长期在西北工作过，才领会到一种对生活的热爱。加上他曾风趣地说起唐山求学期间，周末赶回北平看望他那出身皇族的未婚妻的急切心情，更使我感觉他那乐观开朗、积极主动、从不埋怨、风趣而不张扬、朴实无华、与人为善、内刚外柔的性格。

翁先生是个文艺爱好者，不仅会京剧清唱，曾在同济大学教职工文艺汇演时上台表演，还爱好西洋古典音乐。他知道我是同济合唱团的指挥，问我“喜不喜欢听莫扎特的作品”。我说：“好听，但更喜欢贝多芬的，不仅乐观有力，特别是贝多芬的慢板，更是一种有特殊意境的抒情。”他让我再多听听莫扎特的，“那里有一颗真诚的心”。随着年龄的增长、阅历的丰富，我对莫扎特的喜爱也在不断加深。

在延安我们去了枣园等多处，在七大会场我们逗留了很久，舍不得离开。出铜川以来的所见所感，对于一个中国近代史的见证人，对于内刚外柔的翁先生来说，我感受到了他内心的激动。因为 1935 年在上海出生的我，也经历了租界时代、抗战沦陷时代和国民党统治时代，并且在新中国成立前就通读了《西行漫记》，迄今仍将原版珍藏在我的书箱里。

2018 年 3 月 27 日

怀念导师翁朝庆先生

王秉纲

20 世纪 50 年代末 60 年代初，我有三年半时间有幸师从翁先生读研究生，这是我人生中成长、发展的一个重要时段，对我的影响深远，直到现在。

我接触翁先生可追溯到入学之前，那是陕西组织一次黄土公路学术报告会上，我聆听了先生内容丰富的报告，使我接触了黄土特性、黄土地貌及黄土公路工程等初步知识，这也为后来我在陕西黄土地区工作打下基础。因此，可以说是先生带我进入黄土地区道路领域的。

入学后，首先面临的任务是选定研究方向和拟定培养计划，先生给我介绍了研究生任务及当时国内外道路现状与发展趋势，让我拿出方案。对此我理解为是先生想要考察我的独立学习和工作能力。经过两个多月准备，我初步选择研究方向为柔性路面设计，学习课程，除公共课第一外语、第二外语和马克思主义哲学原理之外，专业基础课为深化提高弹塑性理论，专业课为路面设计理论与方法。学习方法全为自学。向先生汇报得到基本同意，并指出研究方向需进一步明确、具体化，学习课程内容也需具体明确。此后，我开始一面学习一面思考，逐步明确研究方向，细化课程学习内容，每一两个月便向先生汇报一次，接受指导。

通过翁先生对我的启发指导，我收益最大的是提高了独立学习、工作的能力，勤于思考，着力创造、创新精神。学习中深感同济馆藏图书期刊之丰富。每天徜徉在书籍期刊的海洋里乐趣无比，幸福之至。博览群书，丰富知识。专业基础课主要扩充弹性层状体系和弹性地基板理论及特殊函数、积分变换、计算方法、张量分析等有关数学知识。学习结束后，参编教研室编著出版的《路面力学计算》一书，作为总结考核。专业课学习，广泛涉猎国内外路面设计理论方法的书籍、文献，有的溯本求原，写出读书报告送先生审查。

2018 年 2 月

回忆恩师翁朝庆先生

舒自桓

我于1960年10月考入同济大学道桥系道路专业，师从翁朝庆先生攻读研究生，毕业论文题为《塑性水泥混凝土性能和塑性水泥混凝土薄层路面的破坏研究》。1963年毕业后分配到空军后勤部从事机场工程建设工作。

在与翁先生接触的短短几年里，他不仅教我如何做学问，还教我如何做事、做人和养生健体，对我的受益是终身的。

翁先生家住复兴中路，到学校需乘坐公交车，单程就要花一个多小时。通常我有问题请教他，都是在他给本科生同学教授两节课后到教研室或教师休息室里。有两次我请教的问题比较多，研讨完已经过了午饭时间，食堂关门了。此时，翁先生便亲切地要我与他一同乘车到市里专门供高级知识分子和政协委员活动就餐的地方用餐。当时正值三年自然灾害困难时期，到餐厅吃饭是要票证的。市里有关部门对政协民主人士，每月发给专用餐证，在餐厅可以买到肉食类的荤菜。到了餐厅，先生点了两个有肉的荤菜，并要我放开吃。我得以大饱口福！那个年代，在食堂只有过年过节才能吃到这样的荤菜。我想，这是先生对我认真求学态度的奖励，今天回忆起来还要深深地感谢先生对我们年轻一代的关爱。

研究课题过程中，做塑性水泥混凝土的抗疲劳性能试验时，要把各种不同配合比的试件放在重复加荷试验机上加荷数千次至数万次，一个试件加荷测试的时间要长达十几个小时以上。有一次试验时，我开着机器，人却离开实验室到浴室洗澡去了。管理试验室的姚师傅严肃地批评了我。对此我不服气，便与他争执起来。他把这事向翁先生报告了。翁先生找我谈话。他说，人离开工作着的机器是很危险的，万一发生电线短路、机器故障是会导致发热起火的。先生指出我的错误，要我向姚师傅道歉。最终，我向姚师傅承认了错误，他也原谅了我，并继续协助我试验。翁先生到此并没有撒手不管了，他设身处地想到试验工作量大，只有两个人来做，确实有不少困难。他主动与道路专业 61 级塑性水泥混凝土科研小组商量，由小组安排两名同学利用课余时间轮流到实验室帮助我。这件事深深地教育了我，我认识到做事、做人都要牢记自己应尽的职责，同时，我也认识到翁先生并不是高高在上的学术权威，他关心年轻学生，愿意了解实际工作的难处，并想方设法帮助我们解决具体困难。

我毕业后被分配到空军工程设计研究局工作，在入伍体检时，发现患有肺结核病。当时我情绪十分低沉，给同学好友的信中皆流露出悲观、前途暗淡的情绪。后来，我收到同学好友的安慰来信，其中有翁先生写给我的很多页的亲笔信。这信是他得知我患病后，花了很多心思写成的。信中他首先要我从思想上克服对病的恐惧，有战胜疾病的信心，然后给我介绍生活中如何从吃饭、睡觉、运动等方面进行养生保健等相关知识，并要我积极配合治疗。在翁先生和同学友人来信的安慰关怀下，在身边领导同事的关心下，我的情绪从悲观转为乐观，经过两个月的治疗，病灶钙化，最后痊愈了。翁先生教我的养生保健之道是我在日后繁重的工作中能够保有健康身心的利器，我一直受用至今。

总之，翁先生不仅教导我如何读书、做学问，还教我如何做人、处世、养生健体。正是得益于翁先生的教导，我在后来的工作中战胜困难，始终保持兢兢业业的状态，多次立功受奖，还十分荣幸地获得国务院特殊津贴。我能在工作中取得这些成绩，与翁先生当年对我的教诲密不可分的，谨以此文表达我对翁先生的感激与怀念之情。

2018 年 1 月

先生，谓父兄

吴承志

20世纪50年代，同济大学道路教研组内年长、年轻教师之间都以先生互称。担任过教研组主任、系主任，国务院批准的二级教授陈本端，大家都称呼他为陈先生。翁朝庆教授也是国务院批准的，大家都称呼他为翁先生。有时候，为了更加明晰些，向别人介绍他们时也有称呼陈本端陈先生，翁朝庆翁先生的。从来没人以头衔、职位相称呼的。称呼先生很亲切、很自然。我一直称呼我的研究生导师为翁先生，尽管离我们最后一次见面已有五十多年了，尽管翁先生已经作古三十多年了，但我仍觉得这般称呼，有情有义！

后来的社会，称呼发生了极大变化，称同志、老师、师傅、教授、博导等。20世纪90年代以后更以职位、职称互称，以显示其地位高低。

先生点滴

我从来没有去研究过为什么称“先生”。20世纪80年代后期，我接待过一位来自中国台湾的朋友，该朋友称呼为我开车的司机为“先生”，并敬上香烟。我不解，便问其中的缘故。对方答曰：“‘先生’先我而生，是长者，是上佳的尊称，是尊敬的表示。”原来如此！我有点惊奇。后来我又查考辞海：先生，谓父兄。“从于先生，不越路而与人言。”“对年长有德业者的敬称。”“有酒食，先生馔”“先生，老人教学者。”这些注解都源自《论语》《礼记》《孟子》《列子》。

翁先生的生活极简朴，终生难忘！当年翁先生在同济大学任教，家住复兴中路，从家出发，先乘 26 路公交到外滩，再在黄浦公园门口换乘 55 路到同济大学校门口。因为住家离学校较远，教务处便安排他上午第三、四节课。他来学校带一只小布袋，内放 2 磅热水瓶一只，再带一只面包。热水瓶盖权作水杯。面包和白开水就是他的午餐。所有这些都是师母为他准备的，当年他的工资是大学本科毕业生工资的 4.3 倍。

我去过翁先生的家多次，书房面积不大，满地摊放着书籍和书稿，临窗的一张小台子供他阅读、书写、研究使用，桌面大小相当于如今两张小学生的课桌大小。在这张小台子上翁先生编写过教材、翻译过国外文献，制定过柔性路面研究大纲……

20 世纪 50 年代初，新中国刚成立不久，各项事业欣欣向荣。高等学校院系调整，同济大学成为当时我国最大的土木工程院校，也有一说是当时亚洲最大的土木工程院校。可是没有教材，譬如：樊映川先生讲授高等数学，只有讲义，没有书本。由他主编的讲义要到讲课之前一、两个星期才由学校出版科铅印出来，要到两年数学课全部结束，才能将这些讲义装订成册。丁燮和先生的材料力学讲义，俞调梅先生的土力学讲义都是如此这般随授课时间编写出来的。

道路专业的情况也是如此。翁先生学俄文，只用了二十来天，就翻译苏联教材和研究论文，还自编了《路基设计与建筑》《道路路面设计》等教材，总共有十几种，工作量相当大，白天上课，夜间和节假日编、译、著，其中的辛苦可想而知。他用这些著作、译作带领青年教师、大学生、研究生和外校进修教师。据我所知，这些学生、教师之中，后来有相当一部分成为专业方面的教授、博导，还有少数成为大学校长、研究所所长、总工程师等。

翁先生因为抗日战争期间在甘肃、青海工作过若干年，当年的朋友们都还记得他。1960 年后我在青海公路交通部门工作，我的领导中有许多是抗战初期从河北、天津、山东等地到青海的老工程师，每每提到翁先生，他们都会流露出钦佩的眼光。

由一个襁褓失怙的婴儿，随母亲依靠外公和伯父生活步入青年时代，直到成为中国公路事业的奠基人之一，翁先生给我等后辈有不少启迪。

翁氏大家族的祖训："读书、做人、做事""禄厚贵知足，位高贵知止""知足始能无贪念，克己方可真廉政"。战乱期间扎根于大后方基层。艰苦的工作和生活条件磨练了他，得到了真才实学，实践出真知！用理论指导了实践，又从实践中提炼出了有待研究的课题。

新中国成立后，翁先生大展宏图，无私奉献、奋斗不息的精神带领一大批年轻人攀登科学技术高峰。没有做学院式的教授。先生的教学更多地注重形象逻辑和思维逻辑互动，努力将他的实践经验提升到理论高度，反过来又去指导实践发展。学术水平螺旋式地向上发展。

与翁先生相处的十年间

（一）偶然初见　终生离别

翁朝庆先生是我大学时代的老师，是我研究生时期的指导教师。

初次见到翁先生是偶然的。那是 1955 年我进同济大学后在文远楼阶梯教室旁听苏联专家讲学，当时翁先生也在场。那年翁先生大约只有 45 岁，正是风华正茂。他那深邃的目光、谦恭待人的举止，令我终生难忘。掐指算来，那是六十二年之前的瞬间！

最后一次与翁先生见面是 1966 年 3 月同济大学研究生毕业拍集体照的那一天，是在新建不久的图书馆门前。我要毕业了，当天翁先生的形象和表情，至今还萦绕在心，永生难忘。那是五十多岁“知天命”的岁月。此后我再也没有见到过翁先生。掐指算来，那是五十二年之前的往事！

此后我很少有机会回到上海，故没能去探望过翁先生。后来，远道传来的消息，在我研究生毕业后不久，“文化大革命”开始，翁先生遭批判。后来又传来消息，翁先生搬家了。再后来有人转告我翁先生于 1981 年初病故。留给我的是深深的遗憾。

（二）大学时期

大学四年级时，翁先生为我们开课了。当时，他与道路教研组的老师们共同制订了公路柔性路面设计综合研究大纲。

翁先生编、译了许多专业书籍，发表过许多论文，我几乎都有收藏。这些书籍和文献伴随我一生，从上海到西宁，从西宁回到上海，又从上海带回西宁，从西宁搬到北京，最后又从北京运回上海。从工程施工单位到研究单位、设计单位、政府机关和军队。

翁先生在学科范围内涉足甚广，包括路基土方压实、黄土湿陷处治、土壤稳定处治、路基填料选择、路面基垫层改进、沥青路面材料组成和施工方法改进，路面材料强度指标及路面设计理论和设计方法。

翁先生带了我们这批副博士研究生，如姚祖康、赵学勐等。后来还有研究生王秉纲和舒自桓等。翁先生还和陈本端先生一起带了刚升格不久的高校进修教师，其中我记得的有张乃苍。另外，还带了一批刚毕业不久的年轻助教，如张廷楷、朱以敬、张南鹭、陆鼎中、陈露、吴晋伟等。

在我读大学四、五年级的两年中对翁先生的贡献、学识、为人增添了许多新的认识。

（三）研究生入学考题

1962 年夏，同济大学向社会公开招收研究生，我征得工作单位同意后，也报考了。有两道专业试题一直记在我脑中。

一道是：什么是标准压实和压实标准？题目很容易迷惑人。我回答得清清楚楚，明明白白，有条有理。那是因为大学四年级时，土方压实是姚祖康先生讲授的，是翁先生安排他讲的，又是他的研究生论文主题。姚先生讲得清清楚楚、明明白白、有条有理。我还记得那次课间休息时，我走到讲台前专门问过他压实系数是怎么得来的等几个问题。

还有一道是：论路基路面的水稳定性。回答此题时，我自作主张将“水稳定”改为“水温稳定”，中间加了一个“温”字，洋洋洒洒写了一大篇。那是因为我大学毕业后参与的第一项工程就是季节性冻土道路翻浆处治。当年白天在施工现场，夜晚在点着煤油灯的小帐篷中阅读苏联公路杂志。其中有多篇文章涉及气态水凝聚方面的水温问题。

我被录取为研究生后，翁先生说我加一个“温”字，加得好！

从这两道还能记得的试题中，我进一步认识到翁先生的学术思路。他是一位从基层磨砺出来的老师，而非“学院式”的教授。

（四）怎么做研究生

受翁先生的提点，我才明白了研究生开头一年半要做什么。

加补基础——我补充了偏微分方程、拉普拉斯变换、级数、误差定理及近似公式、复变函数、经验方程、差分法等数学基础；补充了弹性理论、极限平衡和流变学。虽然不能等同于数理力学系的水平，但开阔了思路，适于应用。

广泛阅读——我阅读了 20 世纪 30 年代开始到 60 年代初，与路面设计理论和方法有关的国内外文献和书籍。其中有二十世纪三四十年代回国留学生编写的书籍。另外，我还阅读了大量美国、苏联的文献、资料和著作。按照翁先生的规定，都要做好笔记、摘录和提要卡片，定时向他汇报。

了解大局——全面了解当时道路教研组制定的柔性路面设计综合研究大纲，弄清楚各子项课题之间的关系。由此去把握整体和局部的关系。

联系实际——譬如什么是“形变累积”？在道路路面上如何体现出来？始终搞不清楚，是名词翻译上的问题，还是有其他含义的解释。我觉得是个综合安全系数而已，是与行车次数有关的安全系数而已。我问翁先生，翁先生大致同意，但不能肯定，因为他自己也尚在研究之中。

1985 年我从专业技术岗位转到行政岗位上，担任青海省副省长，指定我分管工业、交通、建设和环境保护方面的工作。对我而言，这是一项完全陌生的大工作，怎么起步？我还是使用了翁先生指点我的老办法：加补基础、广泛阅读、了解大局、联系实际，用了三个月的夜间时间，阅读完青海省 1949—1984 年的统计年鉴三十几大本，归纳了 14 个大题目，写出文章。我还仔细阅读了从第一个五年计划开始后历届政府工作报告，分析经验教训，走访基层领导和群众，听取意见建议，不浮不夸，从青海的实际起步做好我该做的分内工作。当时有人调侃我是“学人从政”，我只能对他们笑笑而已。

（五）确立研究课题

在翁先生的谆谆教导和指引下，我的论文主题为《行驶轮荷对路面结构时效性影响》，列属黏弹性体系。做了理论分析、野外测试和室内模拟试验。

现在回想起来，这项工作在当时只是起了个头，远未完成。如果翁先生在世，他一定会继续支持深入下去的。因为现在的重型载货汽车流量大，轴间距又太近了，可能对路面结构浅表层的破坏更大。我至今还在思考这个题目，还想继续做下去，但已力不从心了。

谨以此回忆，纪念我的研究生导师——翁朝庆教授！

甘青公路

大约是 1962 年 10 月，我刚入读研究生时，翁先生曾经向我讲起 1942 年前后修建甘青公路的情形。

甘青公路是甘肃兰州通往青海西宁的公路，全长 200 多公里。后来也称西兰公路，是青藏公路的起始段。

翁先生讲到享堂吊桥。享堂是青海省民和县下属的一个小镇。享堂桥是跨越甘青两省界河——大通河峡口处的一座吊桥。大通河水流湍急，很难在峡口建造桥墩，只能在享堂建座吊桥。翁先生讲，当时吊桥的悬索是从英国进口的。建桥用的水泥是工地上派专人去甘肃永登建窑烧制磨细的。那个年代，前方在同日寇激战，想要钢材和水泥是很难办到的，能够建成享堂桥真不容易。

翁先生还告诉我，他到过西宁，见过马步芳（时任青海省省主席）。据我所知，抗日战争时期国民政府在大西北、大后方修公路，提倡实业，办工厂和作坊，办教育。当时同济大学有一毕业生曾经在西宁的湟川中学（现为省重点中学，每年有考进北大、清华的毕业生）任教。

1959 年，沿甘青公路的湟水河谷地，建成了青藏铁路的起始段。西宁到兰州、西安、北京、上海通了火车。1960 年我大学毕业，从上海出发到西宁，硬座车厢全程 72 小时。

我在青海工作了 32 年。1972 年曾蹲点在享堂吊桥下游侧建造过一座当年流行的双曲拱桥。因为缺钢材，预制构件起重吊装能力很差，因此只将结构“化整为零”，再“合零为整”。

20 世纪 80 年代初，因为要在青海省玛曲县修建一座吊桥，我曾经带领青海省交通学校和西安公路学院的两名刚毕业不久的学生专程去享堂查看吊桥的构造细节，因为没有存档资料可查。

80 年代中期，甘青公路（原线路在湟水河北侧）改扩建，在湟水河南侧修建一条复线，以适应不断增长的车流量，支持湟水河南岸经济发展。当时，我是省交通厅副厅长兼总工程师。

80年代后期，我和大家一起研究在甘青公路平安镇近处，在湿陷性黄土地基上成功地建造了飞机场。从西宁乘飞机可以直达北京、上海、杭州、成都、广州、西安、乌鲁木齐等城市。1992年，我被调去北京工作，那次我是乘民航客机去的北京，全程三个半小时。西宁到上海的高铁，2017年开通了，全程约11个小时。

我调到北京工作之后，青海省又将甘青公路发展成了高速公路。这是青海的第一条高速公路，总长约100公里。据1955年到青海工作的老朋友讲，当年他们从兰州乘汽车到西宁，220公里的车程需要两天时间，现在则只需2个小时。

现在湟水河的南北两岸，各有一条铁路，即南岸的高速铁路和北岸的青藏铁路；另外各有一条高速公路、一条二级公路。

翁先生当年到过的青海。当年设计、建造的甘青公路就这样由后人不断地延续着。

关于永登水泥，有过这样一段故事。有段时间有人主张工程建设什么都要“自行完成”。我以翁先生当年享堂桥工程要去甘肃永登“自行烧制”水泥的故事，讲给大家听。大家统一了认识，搞工程建设必须充分依靠社会力量和社会资源。

这都是些故事！写出来也只是为了纪念恩师翁朝庆先生。

2018年1月

怀念导师翁朝庆教授

景天然

我于1960年到同济大学道路教研室工作，翁先生讲授路基设计与建筑课程，我负责该课程的辅导工作。他讲课结合自己的实践经验和国内外有关资料，内容丰富，实例较多，深受学生们的欢迎。先生家离校较远，来一次学校不容易，来校上课那天，工作就会排得很满。课后会有研究生等着与他谈问题。一天下来，我看他挺累的，拖着疲惫不堪的身体乘坐公交车回去。据先生说，晚上还要工作至深夜，为了提神，烟抽得很多，还经常咳嗽。我很担心他的身体，而我能做的就是把上课以外的工作全部包下来，并努力做好。他要借书，查资料，只要我能做的，都尽量帮先生做。我们配合得很好，期终时课程教学效果得到学生的好评。

1964年2月，我考入翁先生的研究生。他与我关于研究课题的谈话中，要求密切结合生产实践。经与各方联系，得知交通部为了要修订《公路工程技术标准》，要做若干科学研究与调查工作。我向翁先生汇报了有关情况，提出拟去参加，从中选取合适的课题，得到翁先生的全力支持，并向教研室提出请求。经教研室批准后，我于

1965年上半年去交通部参加有关研究工作。当时主持这项工作的是王唐生工程师。我把交通部有关的研究计划及时向翁先生汇报，并提出拟参加山区公路线形设计中有关技术标准的调查与试验研究，得到翁先生同意，并嘱咐我一些需要注意的问题。我们研究小组选择的调查路线是湖南长沙—常德—慈利—大庸—永顺—怀化—邵阳—衡阳，在山区的典型路段上做了大量试验，历时四个月。在此基础上做出《公路工程技术标准》中有关条文的修订方案，写出了修订说明。后经批准，付诸实施。从中，我学到很多，也形成了自己的研究课题，并得到了大量试验数据和调查资料。深感翁先生的指导意见是很正确的。

我大学时学俄语，毕业后学了德语。1965年的某一天翁先生十分认真地同我说，英文资料比较多，比较好，劝我要掌握英语。我听从先生的劝告，从基础英语开始学。让我万万没有想到的是，先生为了让我快速掌握英语阅读，他抽出宝贵时间，为我摘编了最重要的公路专业英语单词。对此我非常感激，且终生难忘。

翁先生您安息吧，我永远怀念您！

2018年6月9日

勤奋、朴实、平和的翁朝庆先生

易建国

我是1961年8月进入同济大学道路教研室参加教学工作的，但并没有直接在翁先生手下工作过。作为道路专业毕业的学生和教研室助教，倒也聆听过先生的讲课，出席过先生主持的学术研讨会，拜读过先生的许多著作和译文，还和先生一起参加了农村的劳动。翁先生给我的印象，不仅是一位专业基础深厚、工程实践经验丰富，学术造诣高深的名师，还是一位勤奋刻苦、生活朴实、待人平和的长者。我和翁先生的最后一次见面，是1980年的一天中午，在学校行政楼的草地旁，迄今已近四十年了。先生虽已仙逝，可先生的音容笑貌，仍栩栩如生地呈现在我的眼前。

翁先生对我国的交通事业贡献很大，后人不会忘记。对我个人来说，影响较深的是以下几件事：

其一，先生勤奋刻苦，笔耕不辍。出版的著作有《路基设计与施工》《道路路面设计》《道路路基土壤的压实》等；译著有《公路路面学》等以及当年室内编的《道路译文集》，著作极多，可谓是年年出新作，集集有译文。不仅大大提高教研室的学术地位，也为我们年轻教师提供了丰富的精神食粮，对培养青年教师和学生作用很大。我有幸从同辈友人处借到先生的学习摘记，看到先生把他读过的重要文献与中文译作，几乎是整段及大篇幅地摘录在内，字迹密密麻麻，图表工整，对此我十分敬佩。记得当时较多老师提倡做学习卡片，重要文献的题目、刊号、作者与内容核心等记录在卡片里，并予以分类，便于查找引用。我当时也学着这样做。从看到翁先生的学习摘要后，我对比了一下，觉得还是翁先生的做法更好。虽然费时较多，但通过抄录，可以加深理解和记忆，查找更为方便。从此我便按翁先生的方法做，的确很有实效。

其二，翁先生给学生上课，虽然只带一张小纸条，但授课内容丰富，联系实际工程较多，举例也很有特色。如今半个多世纪过去了，我还能回忆起先生讲课时，联系实际工程谈到的在西北地区建设公路时的情景，以及他在陕北黄土高原修筑 200 多米高的公路路基的事。由于先生学而不倦，勤于思考，翻阅的英文、俄文情报较多，所以先生在学术讨论会上的发言，也多有新意，对我们青年教师很有启发和帮助。

其三，翁先生平易近人，朴实平和。在与先生相处的数年内没有见先生发过脾气，说话都是轻声细语。记得 1955 年我们刚进校不久，当时班主任朱以敬老师请先生来班级里做专业介绍的报告，班里百余人挤在北楼底层教室，聚精会神地听先生介绍。忽然先生停了下来说："同学们都能听清楚吗？我的声音比较低，听不清的可以提出，我的声音还可以稍稍提高一点。"先生边说边做手势，同学都一下子放松了。三年自然灾害期间，国内物资亏缺。记得有一次我跟姚祖康、王秉纲等到翁先生家拜访，那是我第一次去先生家。先生把已准备好的食品（高知特供食品）给我们分享，并说数量有限，请大家谅解。当时交谈很随和，先生还特意找出他在西北公路施工时得到的鱼化石给大家观赏。先生家装饰简洁得体，我感到是个温馨和谐的家庭。我最后一次见到翁先生就如前面所述，1980 年在校行政楼草地旁。先生拎着一个小布包，手里拿着一本薄薄的日语教材。我主动向先生问安。先生告诉我因其身体不太好，已退休回家。“闲不住，现在上海科技情报所做顾问，帮助提供外文翻译资料。”先生的英文、俄文都很好。看到先生手里拿日语书，就问先生学日语难不难。先生说“日语入门不难，看懂也不难，看技术资料只要求看明白，不走样就可以了。”20 世纪 70 年代后期，学校里也掀起了学外语热，不少名师提出学外语要达到“四会”。翁先生的说法则大不相同，对我很是受益。明白了“看懂”宜摆在学习日语的首位。

万万想不到这次见面成为我和先生的最后一面。先生离开我们已三十九年了，我没有机会向先生表达悼念，深感内疚。写下这点记忆文字，以示敬意。祝福先生在天之灵，自在逍遥。

2018 年 6 月 17 日

用香烟包装纸书写授课提纲

陈贤辉

1959—1960年，我读大学四、五年级的时候，翁先生讲公路路基路面施工课。他在一张香烟包装纸（俗称香烟壳）上写几点提纲，随后便能两节课侃侃而谈。讲施工技术和管理，同学们不觉得枯燥乏味。对于“香烟壳”，有人佩服，觉得“胸有成竹”“有才”，有人权作饭后茶余的笑料。

翁先生1933年交通大学唐山工程学院毕业后，用我们现今的说法，十多年一直沉在基层，从事勘察设计、施工和养护管理工作。1933—1946年，他一直在河南、甘肃、青海、四川等地，各种各样的路基、路面设计与施工都亲身经历过，又有近十年的授课经历。20世纪50年代亲编教材，翻译国外专业书籍，用个提纲来讲课是件轻而易举的事情，所以，有人佩服，有人当作谈笑话题，不足为怪。

20世纪50年代同济大学的樊映川先生甚至不用提纲，课也讲得很好。每次上课铃响，戴着老花眼镜，进入阶梯教室，走近中间第一排的长课桌，抬起花镜，看同学的笔记，并问上次讲到哪儿了。转身走上讲台，开始讲课，两支粉笔用得只剩两个粉笔头。两节课时间到了，该讲的课也讲完了。樊先生讲课没有废话，黑板板书清清楚楚，有条有理，同学们个个钦佩。高等数学教材是樊先生主编的，他带领一批年轻数学教师，还亲自为学生讲课，年年岁岁。

还有教授材料力学、地基基础、土质学与土力学课程的老师们也都是这样讲课的。当时，我与我们班长同桌，个子矮，坐在前排，同老师们接触多，所以，比较清楚老师们的情况。

2018 年 1 月 20 日

怀念与翁朝庆先生相处的日子

陆鼎中

1952 年我求学于同济大学。第一学期的普通路工学课就是由翁朝庆先生讲授的。翁先生自编教材，在课上讲授时重点突出，内容阐述清晰，能抓住学生的求知心理。

当时翁先生作为筹建铁路公路系的负责人，我担任班级班长，所以经常要到系里联系工作，听从翁先生安排。这样，与先生的接触机会较多，常常能感受到先生为人谦和，平易近人。

在最后一学期时，学校通知我参加 1956 年度选拔留学研究生考试。为了备考，我提前完成了毕业设计，教研组立即组织答辩。在答辩时，我论述土路基的施工放样，采用竹竿、麻绳和木桩，在地面上标出路基形状。翁先生就指出，这种放样方法，只适用于人工施工，并问及若机械化施工将如何处理？这说明我对问题考虑得不够全面周到。参加完选拔考试后，有一天我和先生在校园内相遇，他称赞我道路科目考得不错，并提醒我不要骄傲。

由于形势原因，我留学未成，学校就将我安排在道路教研组工作。翁先生与我商讨土的大小筒击实试验结果的对比分析研究。由于我国土的种类繁多，备料和试验工作量巨大，这件事之后就搁浅了，但从中领略到翁先生在学术上求新的想法。

翁先生与我前后受教研组委派参加1956年底交通部公路总局在北京召开的全国公路基本建设会议。在这期间和先生单独相处时间较多。先生时常关心询问我个人之事，且慈爱和善地与我讲述了他年少时一些生活趣事，还告诫我不要熬夜，如果精力不足时，可以吃些（碎块）巧克力，补充营养。

1963年我研究生论文答辩时，翁先生对我研究的立题、成果的获得以及如何加以应用等问题进行了询问，他能抓住研究工作的根本性问题，且其观点有独到之处。

我先后担任过翁先生讲授的施工组织与计划和路基设计建筑课程的助教工作。先生要求在他上课结束时，让我拟好题目，叫上几名学生，然后在晚上质疑答疑。在考试前要我将学生提出的共同问题在课堂上集中讲解，课后再回答学生提出的一些个别问题。翁先生教会了我如何做好助教工作。

翁先生晚年的住所与我的居住地离得较近。“文化大革命”后归还先生的个人抄家物品。由总支组织干事和我将一叠京剧等戏曲胶木唱片送还他家时，他看到这些唱片非常开心。翁朝庆先生于1981年2月17日不幸病逝，非常遗憾没能见上先生最后一面，但先生的谆谆教诲让我终生难忘。

2018年7月

寻找翁先生的后辈

吴承志

1976 年前后，同济大学的吴晋伟先生告诉我翁先生搬家了，搬到了北京西路。那时候我还在青海工作，很少有机会来上海。吴晋伟先生后来去广西交通厅科研所工作，早已过世。再后来同济大学的一位老师告诉我翁先生已于 1981 年过世。

翁先生原来住在复兴中路那边，我在研究生阶段每隔一段时间总要到他家接受一次“面授”。从四平路校门口乘 55 路公交车到外滩，再换 26 路到他家。

2016 年 10 月，一次偶然的机会，我去拜访我的研究生学长赵学勐。赵学长是翁先生 1955 年第一届研究生。那时候学苏联的称谓叫作“副博士研究生”。学长他们那一批研究生大多来自清华大学土木工程系，经高等院校院系调整来到同济大学，成绩优异是无须赘言的了。学长谈到了想为翁先生写点什么，因为许多研究生都在为他们自己的指导老师撰写文章，唯有翁先生在同济大学校史展览馆内没有展出其生平和业绩。我赞同他的想法，并说，翁先生与其他导师不同，他去世早，研究生人数不多。曾经是翁先生的研究生或当时的年轻教师，到了20世纪80年代中期，也都陆续招收研究生，都成了后来学生们的撰写对象。后来的这些研究生并不知晓翁先生，而那批“老研究生”“老教师”除了人数有限外，大都是八十岁以上甚至近九十的耄耋老人了。

“我们一起努力，先找翁先生的后辈吧！”赵学长对我讲。

先去复兴中路，我记得是1380号。去看了，现在是上海音乐学院交响乐团所在地。问保安人员，他们只有三四十岁，根本不知道二十世纪六七十年代的人和事。

请派出所帮助，找到南京西路派出所（据告知北京西路属该派出所管辖），答复是“找不到”。因为翁先生过世已经36年了，又不知道后代的姓名、住所和工作单位。

政协唐山文史网上有一篇李继隆先生撰写的文章《丰南历史上的名门望族》。其中写到小集李氏家族李华甫，字扶实，有这样一段内容：“清光绪皇帝的老师翁同龢的孙子翁朝庆先生与李扶实是唐山交通大学的同学，毕业后翁朝庆在上海同济大学任教授……”该文还讲到，“李扶实1980年还应交通部之邀，参加了《中国公路交通史》的编纂工作。直至82岁仍笔耕不辍……”通过向参与编写交通部《中国公路交通史》的朋友打听，答复是“确有此人，但是20世纪80年代在一次上班途中惨遭车祸去世”。现在六十多岁的人都不知道这些事情，唐山方面的线索断了！

又过了一段时间，在百度百科网上看到《我与段力佩校长》一文，作者是育才中学1966届高中毕业生王邕保。文中有这样一段记载：“1978年我报考同济大学（成绩在上海前10名内）……结果我收到的通知单是录取在第二张志愿表上的第一志愿——上海师范大学数学系……我父亲的老同学同济大学翁朝庆教授在一个风雨交加之夜雇了一辆三轮车，带我从卢湾区他的家赶往……住在同济校园的常务副校长王达时家中……。”现在算起来，这是翁先生退休之后的第 4 年，当年应该是 67 岁。网文中提到“卢湾区”似不准确。因为翁先生已于 1974 年由卢湾区的复兴中路搬到了静安区的北京西路。后来又从育才中学八十多岁的老教师那里找到了网文作者王邕保先生的住处和电话。询问王先生是否知道翁先生的后辈的情况，答复是几十年没联系了。

赵学勐学长看网文知道了翁同龢是江苏常熟人。常熟有翁同龢纪念馆，便想着去常熟查看有没有翁家家谱。2017 年 5 月初，我们去常熟，喜出望外，在那儿找到了翁先生四个儿子（包括已故的老二）的姓名，并且知道老大翁祖平在北京。

翁同龢纪念馆家谱资料还显示，清朝同治、光绪两朝帝师翁同龢无后嗣。翁朝庆不是翁同龢的孙子，是他下四代的侄孙辈。

从常熟回来之后，立即托朋友在公安网上查找翁祖平、翁祖唐和翁祖华的下落，不多时就有了回复。翁祖平在北京，有住址和电话号码。翁祖唐在洛阳，翁祖华在上海，但无住址和电话号码。当晚，我电话打到北京，接电话的人正是翁祖平。这通电话足足通了一个半小时，问了翁先生“文化大革命”中的情况，问到了上海原先的住址是复兴中路，但不是 1380 弄，后来的住址是北京西路，是 1974 年迁入的，是小弟翁祖华现在的居住地。太好了！苍天不负有心人！

数日后，赵学长和我去了复兴中路。“就是这里，外貌一点没变。”赵学长这样说道。接着又去了北京西路，终于见到翁先生的四子翁祖华。这是翁先生离世前的住处。面积大约只是 50 多平米。

翁祖华的女儿和女婿，还有一个学龄前的外孙女，当天正好都在家。翁祖华夫妇现已退休。女儿和女婿收入也不错，一家五口生活在一起。身在北京的翁祖平也有三代了，长孙女在美国。

匆忙之中没有询问在洛阳的三子翁祖唐的情况，据翁祖平在电话里讲到的，三弟从新疆回到了洛阳，退休前在洛阳友谊宾馆工作。这个宾馆，我 2017 年曾经住过一次，在市中心，是五星级的。

翁先生在天之灵，可以放心了！您的三个儿子经历了那段不堪回首的日子之后，后代延续，生活平静。翁家传统的“读书、做人、做事”准则，他们做到了。尽管不全是在学校里读书得来的，但却是您家祖训和家教面传给他们的。您的儿子们在言谈之中处处体现着对您的敬重和缅怀。

还要告慰翁先生的是：您所带领过的研究生，虽然其中有两位已经早逝，其余个个都是好样的，传承您的行为准则。后继有人，他们又带出了一波又一波的后生骨干。还有您的学生、助教们也是同样。

翁先生，您应该可以感到欣慰了。

2018 年 1 月

纪念我们的父亲翁朝庆

翁祖平　翁祖唐　翁祖华

父亲翁朝庆，字石荪，江苏常熟人，无党派民主人士。1911 年农历二月十四生于南京市棉鞋营，因心脏病于 1981 年 2 月 18 日在上海逝世，享年 70 岁。

父亲是同治、光绪两朝帝师翁同龢（1830—1904）、常熟翁氏家族的“庆字辈”后人。祖父翁之毂由晚清朝廷公派前往日本，在日本士官学校第三期学习陆军（炮兵和骑兵），回国后任保定陆军军官学校教官，后任清第九镇新军参谋长，得到第九镇司令官徐绍桢的赏识。司令官将三女儿许配给翁之毂。（徐绍桢配合孙中山于 1911 年 11 月 11 日率江浙联军光复南京，成为中华民国的“开国元勋”。）

翁之毂因病于 1911 年 6 月逝世。祖父逝世后，只有四个月大的独子翁朝庆随母亲依靠外祖父徐绍桢度日八年（1911—1918）。后来，母子二人又于 1918—1933 年间依靠在徐绍桢帐下任参谋官的伯父翁之麟（翁之毂亲哥哥）艰难度日。

父亲于 1916 年开始先后在上海、北京读小学，1922 年毕业于北师大附小，生活来源主要靠伯父翁之麟。同年，升入北京师大附中学习，其后又转入沈阳省立一中和天津南开附中学习，1927 年毕业于天津南开附中。1927 年考入交通大学唐山工程学院预科学习，1929—1933 年升入交通大学唐山工程学院土木系本科学习、毕业。

1931 年，爆发“九一八”事变，日寇入侵东北，并意图进取华北。父亲于 1933 年交通大学唐山工程学院毕业后，选择了跟随国民政府到后方去，为抗战时期的大后方公路建设献力。1933 年，在北京与母亲金学溪小姐（正黄旗满族，北京人）结婚后，回到南京（原籍江苏常熟）。经国民政府全国经济建设委员会赵祖康先生（后任国民政府上海市代市长、人民政府上海市副市长、民革上海市委主任委员）推荐，于 1933—1942 年间先后在河南省建设厅、全国经济委员会所属工务处、公路处工作，曾在大西北之西兰（西安至兰州）、西汉（西安至汉中）、甘新（兰州至乌鲁木齐）、甘青（兰州至西宁）和天凤（天水至凤县）等公路工程处任副工程司（师）、测量队长、正工程司兼科长、主任工程司等职。1936 年曾在西安被聘兼任内迁之东北大学工学院教授。1942—1945 年，自营开办兰州志成工程事务所，从事厂房和商宅建筑设计，任经理和主任工程司（师）。

1935 年，翁祖平出生，随父母西行。1943 年，翁祖婴降生于兰州，次年痛失。

1945 年，抗战胜利，父亲携同母亲和翁祖平回到上海。为求生计，开办了建筑设计事务所，设计过氮气厂、造漆厂、纺织厂、校舍等建筑。在赵祖康先生（时任上海市工务局局长）的提携下，又在上海市政府工务局、都市计划委员会工作，任正科长、技正、专员等职务。在上海期间，还在光华大学理学院、大同大学、市立工业专科学校、华东交通专科学校土木系任教。1947 年，翁祖唐出生，较祖平小 12 岁。

1951 年，父亲 40 周岁那年，由光华大学进入同济大学，拿到了同济大学的工作证，喜于心中，梦寐以求的同济大学工作证成了他的镇箱之宝，一直珍藏在装满衣服的箱底处。这一年父亲又喜得一子——翁祖华。1956 年，父亲经国家批准为三级教授。

20 世纪 50 年代，家中人丁兴旺，融融和和，常见父亲汇聚精神，勤奋伏案，研究学问，著书立说。新中国成立初期历次运动都未牵连于父亲。土地改革，镇压反革命，“三反”“五反”，资本主义工商业改造等各个运动都与父亲无关。父亲是一位无党派民主人士。批胡风、批武训、批高饶、批“红学”（红楼梦）也与父亲不搭界，他只搞他的土木工程。1957 年的反右派运动，父亲没有“大鸣大放”，也不是右派分子，又无历史问题。唯有建国初期的知识分子思想改造和 1959 年的反右倾，红专辩论要触及“灵魂”。大学里每个人都不能例外。这段时期，父亲最开心的是祖平 1954 年考入同济大学测量系航测专业。1956 年该系迁往武汉测绘学院（同济大学副校长夏坚白先生任院长，他是父亲的挚友），1958 年毕业后去北京，在铁道部专业设计院工作，后来进入中科院遥感遥测研究中心。

解放前，父亲长期从事公路工程建设，勘测选线、设计、建造了数千公里公路，修建了百余座中小桥涵。在十多年的工程实践中积累了丰富的经验，尤其在选线、路基和路面设计方面有较高的造诣。20 世纪 50 年代初，父亲与陈本端先生（年长父亲 5 岁）尽心合力组建道路教研组，全身心地投入教学、科研工作。编写教材，翻译苏联教材和论著，制订柔性路面综合研究大纲和刚性路面研究大纲，为学生们讲课，指导和带领来同济大学的进修教师，培养研究生，领衔重点科研课题，发表研究成果和论文，出版专著和译著。应该说 1951 年至 1966 年是父亲人生的顶峰，成果累累，且为国内本专业各研究单位、各高等学校所公认。

1966 年，“文化大革命”开始，当时父亲才 55 岁，正值发挥骨干作用之时，“文化大革命”使他无法再从事教育和研究工作。

1974 年，父亲申请退休。退休后，他仍时刻想为国家多做贡献，故接受了上海科技情报研究所、上海房管局科技情报站的顾问聘请，继续无偿为科技情报界服务，直至生命终止。

父亲一生勤奋学习、刻苦钻研、治学严谨，学生遍及全国，桃李满天下。他竭尽毕生精力为国家建设和人才培养作贡献。他是后代子孙和学生们永远学习的楷模。

在父亲仙逝三十七年后的今天，学生们撰文编集纪念父亲的一生。半个多世纪的师生情谊，如此般真切，如此般动人。我们要诚心诚意地感谢，默默地向他们道声“谢谢”。父亲在天之灵，一定会感到欣慰的。翁家三弟兄要努力发扬父亲的为人之道：孜孜不倦于读书，勤勉奋斗于工作，舔犊关爱后代之美德。将翁家的治家立业精神世世代代传承下去。

2018 年于北京、洛阳、上海

（本文为三兄弟纪念文章的汇集）

告别式上悼词

同济大学　陈本端治丧委员会

同济大学道路与交通工程系教授、民盟盟员陈本端同志因病医治无效，于1991年8月14日23时45分逝世，享年86岁。

陈本端先生1906年3月出生于天津，籍贯江西黎川县。1929年10月于交通大学唐山工程学院土木系毕业。1929年10月至1936年7月历任江苏省公路局帮工程师、南京公路处副工程师、西兰公路工程师、广州中山大学土木系教授。1936年8月至1938年8月在美国密歇根大学研究院留学，获得土木工程科学硕士。回国后历任重庆交通部公路总处工程师，西南联大公路研究室副主任，成渝公路工程处副总工程师，重庆交通部公路总处计划室主任，贵阳西南公路局工程师兼测量队长，重庆工务局技术室主任，重庆交通大学教授，上海交通大学教授、系主任、总务长，同济大学教授、教研室主任、系主任，榆林区、杨浦区人大代表。

陈本端先生是我国道路工程界的老前辈，在我国道路工程方面做出了巨大的贡献。他创建了我国高校的第一个道路工程专业，为道路交通事业培养了大批优秀人才，并且培养了国内第一批研究生，这些研究生后来成为国内教学科研的主力，同时开拓了道路设计和道路建筑材料两个学科的发展方向。

陈本端先生毕生从事道路工程专业的生产技术与教学科研工作，学术造诣也颇深，他不但主编《辞海》中道路部分词目，参与《英汉道路工程词典》《道路与交通工程词典》的编写工作，并出版了《公路工程学》《高等测量学》《道路材料与实验》等专著。

陈本端先生谦虚待人，为人正直，热爱社会主义，热爱党。不但关注道路事业，也时刻关心年轻一代的成长。因年事已高，先生于1982 年 5 月退休。但退休后仍时时关心学校、院系、专业的发展与成长，并积极提供建设性意见与咨询帮助。陈本端先生从事公路工程专业 60 余年，为我国公路建设的发展与人才培养做出了巨大贡献！

陈本端先生的逝世，是我国道路工程界和同济大学的一大损失。我们要化悲痛为力量，努力工作，为发展我国社会主义建设事业做出更大的贡献。

陈本端先生安息吧！先生的精神永垂不朽！

1991 年 8 月

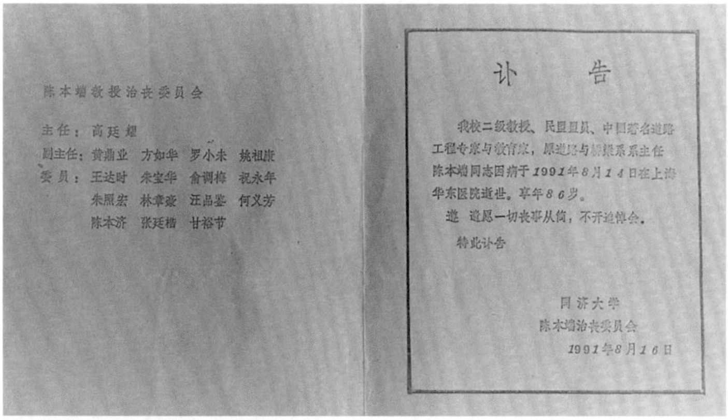

陈本端教授治丧委员会

主任：高廷耀

副主任：黄鼎业 方如华 罗小未 姚祖康

委员：王达时 朱宝华 俞调梅 祝永年

朱照宏 林章豪 汪品鉴 何义芳

陈本济 张廷楷 甘裕节

讣告

我校二级教授、民盟盟员、中国著名道路工程专家与教育家，原道路与桥梁系系主任陈本端同志因病于1991年8月14日在上海华东医院逝世，享年86岁。

遵 遵愿一切丧事从简，不开追悼会。

特此讣告

同济大学

陈本端治丧委员会

1991年8月16日

陈本端先生追悼会现场照片

陈本端先生追悼会现场照片

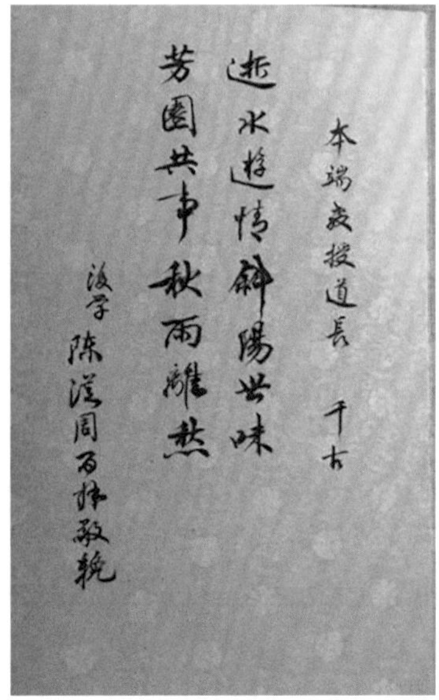

陈从周先生挽联

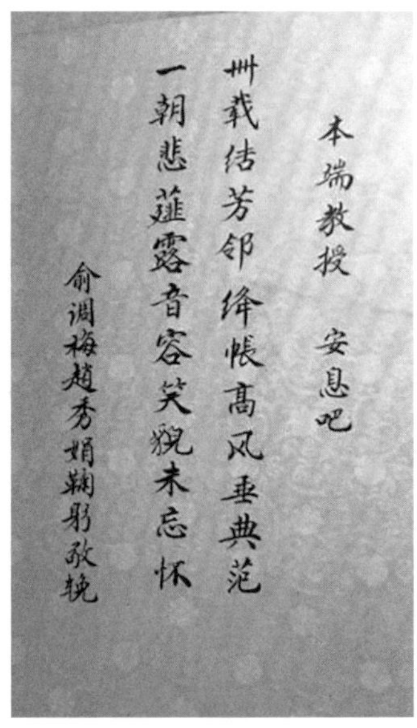

俞调梅先生挽联

忆陈本端先生

杨佩昆

1952年秋，全国高校院系调整，上海八所公立和私立大学的土木、建筑类系科都集中到了同济大学。同时，按苏联的教学体制进行了教学改革，设立各个系和专业。1952年，设置了铁路与公路系，系内设有汽车干路与城市道路专业，陈本端先生出任公路教研室主任。1953年，铁路与公路系改为公路系；1954年，改为道路与桥梁系，陈先生均出任系主任。

在全国高校院系调整前，我在上海交通大学土木系学的是道路科，到同济大学后成为汽车干路与城市道路专业三年级学生。那时，新中国成立不久，急需各类建设人才，政府确定这届学生由四年制改为三年制。所以，把最后两年学习的课程并到一年里学完，提前一年于1953年7月毕业。

毕业后留校任汽车干路与城市道路教研室的助教一职，且是教研室当时唯一的助教，同时担任系教学秘书（另有一名行政秘书）。陈本端先生当系主任时，张云亭是系党总支书记，他们两人的办公桌面对面。他们不是每天都来办公室，因为那时会议较多。我除了完成陈先生交代的任务外，主要承担的是上交教务处的学生学习负担统计工作。在我的印象中，陈先生最忙的时期是开学之初，处理安排新生入学报到事务，另外还要花几天时间审查教研室送来的各位老师的教学日历等；有时要处理教研室或班级中发生的一些偶然事件；还有就是在放假之前，须按上级规定同张云亭书记一起商讨并安排毕业生工作分配问题；平时主要批阅各处送来的各类文档。

1952 年前，陈先生在当时的《工程建设》杂志上连续两期发表了关于“苏联柔性路面设计”的两篇文章。1952 年思想改造运动后期，华东区交通部长黄逸峰来上海交通大学做报告，动员大家努力学习苏联先进技术时，就此文章表扬了陈先生，要大家向陈先生学习。当时陈先生就已成为学习苏联先进技术的模范。

1954—1955 年，为了开设汽车干路与城市道路专业的城市道路课程，陈先生打了一份报告，申请能有一位教城市道路的苏联专家来同济大学进行教学指导。1956 年 8 月，苏联派来莫斯科城市建设学院的杜拉耶夫副教授。在校长主持的欢迎宴会上，该苏联专家了解到同济没有城市建设系，故建议同济大学应该开设城市建设系、教研室和相关专业，以培养能管理城市建设的领导干部或总工程师。他还带来了苏联通讯院士斯特拉可夫斯基的《城市道路设计》、波良可夫的《城市交通》、彼萨略夫的《城市运输》等一大批苏联出版的专业书籍。校长当场就决定 1956 年秋季开学就建立城市建设系（简称城建系），并责令陈先生从道路教研室调派几位教师组建这个系。于是，陈先生就按指令，调派道路室的赵骅副教授去当城建系主任、罗孝登教授当城建教研室主任，并带去好几位助教（我也被调离路桥系转去城建系任教），为了组建城建系几乎调走了道路室一半的教授和助教。由此，道路教研室为同济大学在国内首启了城市建设专业的教学之门。

城建系还奉命主持编写全国统编教材，1961 年出版了由赵骅主编、杨佩昆参编的《城市道路与交通》以及由罗孝登主编、徐循初参编的《城市运输》两本教材。1962 年，城建教研室开始在延安路—西藏路交叉口观测车辆通过交叉口的各类运行参数，并在此基础上开展交叉口通行能力的研究。“文化大革命”中，这些交通研究从城建系转到了道路系，并为之后同济大学在国内首建交通工程研究室打下了基础。

2018 年 6 月 26 日

我的良师陈本端先生

张廷楷

陈本端先生自美国留学回国后便从事公路测设工作，不久即从事教育工作，先后在国立西南联合大学任道路实验室主任。在上海交通大学任教授后，曾兼任校总务长、系主任等职。曾编写《高等测量学》《道路材料学》等教材，奠定了道路专业开始办学的基础，以后上海交通大学有了土木系路工组专业。1952 年，全国高校院系调整后，陈本端先生在同济大学任公路教研室主任、系主任等职。

陈先生一向心地坦诚，待人和善，乐于助人，积极帮助年轻教师学习英语，以便出国深造。

陈先生教学认真、严谨，讲授的公路勘测设计课程生动有趣，深受学生欢迎。并且陈先生深入学生实习工地，视察陕西华金公路施工工地及看望实习师生。该公路穿越秦岭，工程艰巨，陈先生不顾年迈，仍前往视察探望。直到“文化大革命”后期，他还在认认真真、仔仔细细编写《公路勘测设计》讲义。

我本人 1955 年毕业留校任教，就在道路教研室工作。开始时，我担任当时的教研室主任陈本端先生的秘书，协助做一些教务工作，后来我升任副主任。从 1955 年直到陈先生去世，先后数十年的相处，使我深感陈先生的正直为人，认真教学的严谨精神，他为我们树立了榜样。

陈先生的优秀品质，可以概括为以下几个方面：①为人和善；②待人诚恳；③为人耿直；④教学严谨；⑤从不摆架子，也从不用命令式口吻，而是与人多多商量，求得妥善解决；⑥热爱道路专业，著书立说，培养了大批道路专业人才。

作为我的良师，从他身上的优秀品质中让我学到不少东西，受益匪浅。他作为我国道路工程专业的创始人之一，为我国道路交通事业的发展做出了巨大贡献。

2018 年 9 月 6 日，陈本端先生的外孙祝宪在吴承志同志陪同下前往上海颛桥寝园陈先生骨灰存放处献花、鞠躬祭祀后，到同济新村陈先生原住宅外观望、回忆、拍照。而后，到我家中共同缅怀陈先生的过往。祝宪询问了同济大学交通运输工程学院组织的缅怀陈先生文集的进展情况。我介绍了道路教研室冗长的发展历史，畅谈了陈先生的优秀品质。还介绍了陈先生一贯坚持的办学理念，概括为下面几点：①教书育人；②教学相长；③因材施教；④强调“三基”：基础课，基本概念，基本理论；⑤提倡教学与生产实践相结合、教学与科研相结合，增强学生的动手能力。我觉得这些理念是陈先生的一贯提倡，是后辈们应该传承下去的精华！

谨以此文深切缅怀我的良师陈本端教授！

2018 年 9 月 8 日

忆恩师陈本端教授

王哲人

1955年本科毕业后我被留校，成为首批按苏联学制，也是我国当时仅有的一批四年制副博士研究生，被分在系主任陈本端教授作为导师的这一组。这就使我有机会常被叫到导师家中的书房个别受教。记忆中，陈先生在同济新村的村四楼家中谈论时的态度由严肃到热忱，内容广泛，印象最深的是抗战期间，因缺乏沥青，先生在西南后方以当地产的桐油代替沥青修造路面表层，并对此进行了探索研究。与陈先生的多次交谈使我了解到，由于土基会产生不均匀变形，归属于变形体系的结构物，因此与虽强而刚但易出现裂缝的水泥路面相比，适用条件不同，特点与方法也就不同。他明知桐油代替沥青是应急，但探索让他深知沥青筑路仍有许多问题有待研究，且有难度，所以关键是在把握大方向的前提下实践。处于解决“晴雨通车”时代的当年，我们这一批副博士的论文选题，大都离不开一个“土”字，而我选的是沥青稳定土。

村四楼书房内的多次谈论只是埋下的种子，更为突出的开花结果在其后，因为理念不知不觉地指导了行动。当然，时代形成的机遇是首要的必要条件。当时国内的石油行业一时还未能供应优质沥青，20世纪70年代身在哈尔滨的我，正在用多蜡石油沥青与煤沥青的混合沥青来修筑试验路段。

从黑龙江省公路学会知悉，发现有与日本学者菅原照雄联系的渠道，因为当年东北公路总局有日本留下的，以及与日方熟悉的专业工作人员。1953夏，我作为清华大学的学生，第一次生产实习就在东北公路总局通远堡到岫岩的建筑工地。东北公路总局撤销后，专业人员就分散在黑龙江、吉林、辽宁三省公路局。菅原照雄不仅在当年作为全世界沥青研究中心的荷兰SHELL沥青研究所工作过多年，回日本后还在北海道大学成立了研究所，基于黏弹性理论，对沥青进行了系列研究。在我国大规模路网建设的前夕，针对沥青路面的小变形黏弹性体系建立的基础阶段，抓住机遇通过省公路学会，不仅在1981年4月成功邀请菅原照雄讲学，还从他赠送的40多篇论文中，选编16篇出版中文译本。这不仅有助于解决黑龙江1976年修造的一、二级公路所出现的早期损坏问题，也推动了学校硕士生的培养。除委托学校会同国内有关学校在哈尔滨主持举办全国性的以黏弹性原理为方向的学习班外，并配合公路院在承德市共同主持全国性的主题研讨。

20世纪50年代在同济道路系的4年（1954—1958）里，有两件事给我留下了深刻的印象。

1958年春，为了推动大跃进运动，学校组织各教学行政单位文艺汇演。在组织群众性科研活动方面，道路教研室积极响应，自编了舞蹈小品“一马当先，万马奔腾”，由全体教师登台演出，包括年逾半百的陈本端和翁朝庆两位老教授。大家一会儿扭着大秧歌，一会儿跑着小碎步。寓意万马奔腾的老教师与年轻教师、研究生两支队伍，分别由支部书记朱照宏教授与研究生王哲人率领，不断变化的队形，时而交叉对立、时而齐步并肩，变换不同的姿势表示奔腾场面，后面是由舞姿多样、来自北建工的进修教师，扮演一名落后群众，远远地跟随。终于，认清形势后，以快速的马碎步赶了上来，融汇在万马奔腾的欢乐场面之中。姿态万千的群众场面，寓意深刻的快马加鞭，特别是老教师们的认真劲儿，赢得了全场一阵又一阵的掌声。平时大家恭敬相待的两位老先生，无论是拧不过来的姿态，或是认真的心态，排练过程中时常是一片欢腾，笑声不断。

陈本端、翁朝庆两位教授在汇演中一拉一唱

第二件事则是，当时在优质沥青缺货的条件下，塑性水泥混凝土路面是被众所期待的，但风险太大，在上海一时找不到肯修试验段的工地。考虑到须是要经受行车荷载的实际路段，最后决定在校门口修造试验段。教授们领着学生，在校门口修的试验段，长度不过 10 米。其他的暂且不谈，这等于在做广告，成为同济校内一时美谈，也成了师生理论联系实际，自己动手，教学相长的范例。人们关心的不仅是减薄了厚度的塑性水泥板有没有裂缝，还是行胜于言的风气。

出于如前所述的不均匀变形，陈老师是有担忧的，但他支持实践第一。他的整体发展思想，民主作风，还表现在 1956 年从他的 4 名副博士研究生调出 2 名改由 1955 年从苏联留学归国的蔡乃森教授指导，我便是其中的一个。1958 年，黑龙江人大决议，因森林铁路改为汽车运输木材的需要，要求哈尔滨工业大学创建道路专业。58 年夏季学期末，哈工大就从土木系其他专业 55、56、57 三届学生中抽调部分学生转专业，并要求上海支援教师。上级安排蔡乃森和苏荣阁老师支援黑龙江，陈先生认为并不合适，作为系主任，他说这对同济是一大损失。然而林业系统自行从安徽交通学院抽调一批老师在东北林学院创建道路专业，直到秋末这一消息才传开，此时哈工大便失去了创立道路专业之初衷。但是出于对学生负责，蔡乃森并没有提出任何异议，反而是留了下来，克服了众多想象不到的困难，将哈工大的道路专业办出了被同行赞誉的水平。

2018 年 4 月

深切缅怀导师陈本端先生

陆鼎中

我于1952年考入同济大学，分在陈本端先生所执教的汽车干路与城市道路专业，后来又成为陈先生的研究生。陈先生于1991年病逝，我在他身边求知、执教近40年之久。

1952年入学后，陈先生向我们介绍所学的专业与教学计划时，指出道路在整个国民经济中的重要地位，以此增强大家的学习热情，并提出了学习目的、内容与方法。

1955—1956年苏联专家诺西奇来校讲学时，陈先生将所获得的有关内容，立即在道路设计课中向我们讲述，这一点令我难忘。

1956年我毕业后留校任教。在教研组资料中看到陈先生在抗战期间参与修建贵州晴隆“二十四道拐”的照片。1973年，学校派我去贵州招生，经过此路段，亲见此工程的艰巨，其气势之宏伟，不愧为标志性工程。

1957年上半年，陈先生讲授道路设计课，我担任辅导工作，陈先生要求我深入研读教材，吃透上课的内容，以便课后做好答疑工作。

1957 年底，我被下放到农村劳动锻炼，陈先生积极支持并在我记事本上题词予以勉励。

1959 年初回校后，我担任道路建筑课（路面建筑部分）的辅导工作，并被要求编写和讲授其中“沥青储池”的内容，陈先生和教研组老师都给予我很多的指导和帮助，指出编写教材前，先要广泛收集有关资料进行综合。讲课前，先写好讲授的内容在教研组内试讲，以便提出注意事项和改进意见。讲课时，派人随班听讲，并收集学生对课程的反响。陈先生严谨的教学态度让我受益匪浅。

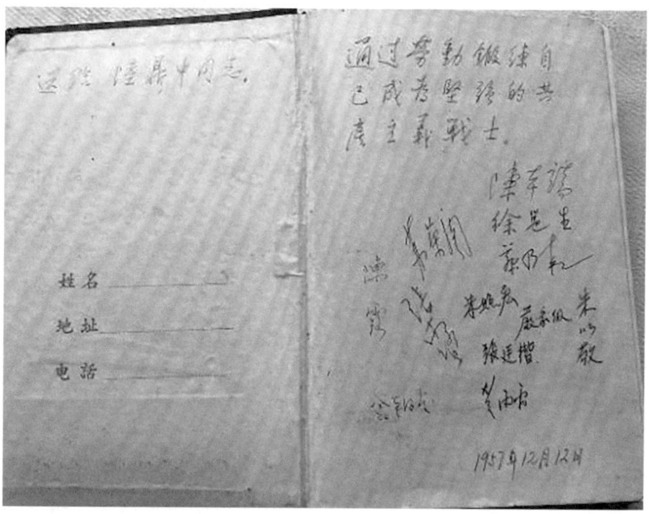

当年陈本端先生在我记事本上的题词

1959 年 10 月，我考取了研究生。在陈先生的指导下，确定了研究方向和研究课题“重复荷重下土的变形累积规律”。按照规定，除了要学习道路总论和路基专论两门课程外，结合研究课题还要学习土质学与土力学以及流变学等方面的内容。在针对课题的具体研究中，陈先生要求我对收集与调查到的资料以及实验数据进行科学分析和合理运用，并最终获得研究成果。最后，陈先生还教我撰写研究报告与论文。这过程现在回想起来依旧历历在目。

1982 年，科学出版社出版美国的《科学技术百科全书》(中译本)，其中“公路工程”“交通工程”“路面”和“运输工程”条目分别由张廷楷、杨佩昆、陆鼎中和徐家钰翻译，均由陈本端先生亲自校订。

陈先生桃李满天下，参与培养了数百名本科和专科学生以及研究生。学生们毕业后，被分配到相关的国家机关、部队、设计院、工程局、养路段、研究所及院校等单位，或担任领导工作或从事专业及外专业的工作，但都勤勤恳恳地为国家建设、社会发展和教育科研事业贡献一切。

陈先生尽其所能为我国的道路交通事业奉献一生。深切缅怀吾师陈本端教授。

2018 年 7 月

点点滴滴怀念陈本端先生

吴承志

一、改变公路状况的关键问题

我是1955年进入同济大学学习的，当时我国的公路状况很差。同学们非常关心自己的专业，改变公路状况的关键问题是什么？陈先生当时是系主任，同学们便邀请他来聊一聊。

陈先生十分专注地说了两点：第一点是“与水作斗争”；第二点是“材料问题”。

陈先生说，修建桥梁，保证洪水顺利通过桥孔，河岸和临水路基的调治构造物、导流堤等是与水作斗争；填挖方边坡稳定是与水作斗争；不让雨水渗入路面内部和路基上层，防止地下水上升影响路基是与水作斗争；处理黄土湿陷，软土地基处理还是与水作斗争。

陈先生又说，我国的公路路面材料是很差的。泥结碎石路面还不普及，干旱季节尘土飞扬，下雨时又泥泞不堪。当时沥青是“珍品”，上海城市道路使用柏油已经算是高档的了。碎石机很少，大多情况碎石只能用人工锤制，或者用砂砾石来代替。水泥标号很低，全国年钢产量只有几百万吨（1949 年为 50 余万吨），建造桥梁只能用木材、石材、砖块。陈先生还说苏联有一本书，书名叫《就地取材的道路》。书中讲到当时苏联用碎砖、碎瓦、陶粒、贝壳等作为路面材料。对此陈先生认为改变公路面貌要从材料入手。

之后，陈先生又将上述两个关键问题归纳到科学研究上来。1956 年，我国提倡向科学进军！

那次与陈先生的聊天距今已有六十多年了，现在从专业的角度来看确实如此。公路、桥梁事业发展可不就是这两个关键问题嘛。以上海城市道路而言，路面状况的变化，无不依靠优质沥青以及水稳定性良好的基垫层。当今大力推广钢结构桥梁不也正是“材料问题”的见证吗？

我还想过，沥青、水泥、钢材之后的新型优质材料又是什么呢？我曾经请教过材料方面的专家，他们给我的回答是：“肯定有，就是价格问题。”

当年陈先生不便言明的更高层面上的关键问题即是有待“国家经济实力的提高”。国家经济实力提高是大家的责任和贡献。

陈先生六十多年前聊到的内容，至今仍没有过时呀！

二、现实生活中的陈先生

粮食定量

大约是在 1959 年，大学开始和全国城市一样实行粮食定量供给制。在校大学生每人每月粮食定量 32 斤，男女生相同。男同学中有人反映“不够吃”，毕竟二十来岁的小伙子食量比较大。

当时陈先生是系主任，他有一次站在讲台上说：“吃那么多呀！一天要一斤多！”接着又说：“我在美国每餐只吃两片面包。”他还伸出两根手指示意。

“陈先生！你们当时除了面包之外，还吃点什么？”同学们接着问。

“咖啡、牛奶、鸡蛋、黄油！可能还有培根。”陈先生如此这般回答，毫不在乎。

同学们在台下哈哈大笑！其实同济的食堂一直办得很好，很少有听说过 32 斤定量不够吃的。

露天电影

夏天每逢周末，同济大学的草坪上常常放映露天电影，陈先生身着夏衫，一手拿芭蕉扇，一手提张小板凳也来看电影。周围坐着一群学生。他时而用芭蕉扇驱赶蚊子和小飞虫，还对同学们讲：“我喜欢看外国电影！”

放“卫星”

1959 年，农村里放“卫星”，粮食亩产几千斤甚至上万斤。同济大学校园里跟随这个潮流也大放“卫星”，即“科研卫星”。大字喜报贴在校门口两侧的布告栏上。有一个系的老师们一天一夜放了二百多颗“卫星”。

陈先生领导下的路桥系，道路教研组却是不放“卫星”的，一直脚踏实地地组织老师们制订“柔性路面综合研究大纲”。步子走得稳稳的。

瘸　腿

陈先生走路略带跛状。我问过陈先生，为啥走路有点跛状。他撩起裤脚管至大腿部位，说道："翻车摔伤的。"

"什么时候摔的？"我又问。

"大西南，抗战期间。"陈先生回答。

锅　盔

陈先生问过我，"吃过锅盔吗？像洗脸盆那般大小的。"他还用双手比划着脸盆那般大小。

"吃过。"我回答。

"您吃过吗？"我反问。

"吃过呀！"

"在哪儿？什么时候？"我又问。

"30 年代，在西北。那是回民食品。"

后来我才慢慢明白，抗日战争时期我国大后方一直在努力打通大西南的滇缅公路，以联络英国、美国和印度。同时，又在努力打通重庆、西安、兰州、乌鲁木齐（当时称为迪化）、莫斯科之间的西北大通道。陈先生当时虽然不是高层领导，但为抗日战争的后方基地建设贡献了自己的一份力量。

人　缘

"陈先生人缘好！"青年教师这般评议陈先生。

我十分赞成这个评议。一是陈家祖辈的传统；二是自身修养；三是领导者的品位，能发挥各人所长；四是能服务于大家，照顾好群体中每个人的方方面面。

20 世纪 80 年代，邓小平同志有过一句至理名言：“领导就是服务。”陈先生就是这样做的。

这就是现实生活中的陈先生。

三、关爱

翻译《路面结构选择》一书

沙庆林院士是陈先生的学生，当年在苏联留学，攻读苏联的副博士学位。1958 年或是 1959 年初给陈先生寄来 H. H. 伊万诺夫和 A.M. 克里维斯基的著作《路面结构选择》(也可以译为《路面结构设计》)。当时我是大学四年级学生，陈先生叫我翻译出来供道路教研组内部参考。译后由当时的研究生姚祖康校对。这年我 20 岁，姚祖康 24 岁，陈先生已 50 多岁了。

“我的一点体会”

在我读大四时，道路教研组一直在研究苏联的柔性路面设计理论，其中有一个竖向应力分布计算公式，是圆形均布荷载作用下双层（路面和路基）体系的竖向应力计算公式。这个公式中有让人搞不清楚其来源的修正系数，譬如：$\sqrt[2.5]{E_1/E_0}$，为什么是开 2.5 次方？好像还有一个“应力集中系数”。

陈先生要我写出对此问题的认识和看法，题目是："我的一点体会。"我写了点什么，现在已记不清了。这篇小文章也刊印在当年道路教研组的内部参考文辑上。

实际联系理论

大学毕业后我去青海工作了，陈先生给我写过一封信，其中有句话让我牢记于心。他说："你要实际联系理论"。一般我们常说"理论联系实际"，陈先生恰说"实际联系理论"，似有点反其道之嫌。

其实，陈先生当年的意思是从事实际工作，不能光做事，把先前读过的书都丢掉了。实践中遇到的事情并不一定都是完满的，理论上的东西也不一定都是无瑕疵的。理论至实践，实践至理论，反反复复才能有所进步。

现在想想确实如此。几十年后的今天，路基水温稳定问题，路面材料进步方面，行驶车荷条件下的路面设计等，都有进一步深化研究的必要性。典型结构和经验厚度真的是"典型"和"经验"？弹性层状体系计算中的众多假定真的都可以全盘采纳吗？

在其位谋其政

1983年我担任青海省交通厅总工程师一职，那年正好去南京开会，会后顺便到上海去看望陈先生。在陈先生家中，我谈道："过去做技术工作，现在要做技术行政工作，心中无数，担心自己是否能做好。""文化大革命"后全国各省交通系统担任总工程师的年轻人我大概是第一个，那年我45岁。

陈先生听了我的陈述，双眼凝视着我，说道："以前有句老话

‘不在其位不谋其政’，现在你要‘在其位谋其政’。有啥不好干的。”一句话，点拨了我。认真去做，没有做不好的道理，不懂的事情去请教老领导、老朋友。周边的人会支持你的，因为你有做好事情的意愿。

不要跟我说话

“文化大革命”后期某一年的夏天，在同济大学四平路的传达室门前，我刚要进校去，陈先生恰好从校园里走出来，我俩就这样相遇了。

当时，陈先生戴一顶草帽，着一身劳动服，一双帆布劳动手套，一双解放牌球鞋。相遇的一瞬间，陈先生抢先对我说：“不要跟我说话！现在我属于敌我矛盾，帽子拿在手中。”我无法言语，只是轻轻地问了一句：“还住在老地方吗？”陈先生点点头，从我面前走了过去。我说：“一会儿来看您。”

陈先生还是住在同济新村的村四楼，两室一厅一书房，再加一卫一厨。按现在的说法建筑面积大约在八九十平方米。这一年，陈先生已经近七十岁了。

我都知道了

1987 年同济大学八十周年校庆，校方邀我参加，活动结束后见到了陈先生。他老人家特别高兴，他说：“两年前已在上海的报纸上见到了你的任职报道。”

那次，陈先生没有多说话，只是透过他的眼镜镜片，慈祥地、愉悦地看着我。

这一年，陈先生已过八十岁了！

四、唁电

20 世纪 90 年代初，我接到同济大学的一个电报，称：陈先生已病故。

我即拟稿唁电，主词是“教书育人楷模”。

五、再等等

前面的文字成于一个月前，始终未交付。再等等！

等什么？寻找陈先生子孙后辈的信息。

纵观陈先生的一生，他做了两件大事：一是抗战后方基地公路建设；二是一心一意任教带出弟子近千名（包括抗战之前的）。

陈先生的为人，众口一词。就连当年道路建筑材料试验馆的洪老师傅、小蔡师傅、教辅员姚颂英大姐都常常讲到陈先生人品方面的故事。他们都以做好自身工作来支持陈先生。

陈先生抗战期间因公伤残，至少在二等以上。

陈先生的太太 1963 年病故，我是知道的，当时陈先生 57 岁。子女们都不在身边，陈先生的日常生活由一名保姆常年辅助着，家庭生活显得孤单寂寞。但是，他自始至终一直在关注着道路教研组和一大批年轻人的成长。

陈先生的子女后辈呢？众说纷纭，众词不一。连他们的名字都不清楚。陈先生的学生、友人之后代，有许多人来询问陈先生的以后和后辈人的情形。

听多人说起陈先生 1991 年 8 月病故于华东医院。近一个月来，两次托友人去查找陈先生的临终医疗档案，无果。华东医院的电子档案始建于 2002 年，之前的纸质档案查不到，年代太久了。

本想通过此线索查找陈先生后代的姓名和地址，再去查找安息之地，就像去年查找翁朝庆先生的后辈那样。

陈先生的一生是为国家无私奉献的一生，为人民服务的一生。

陈先生是一位品德高尚的长者。今天我们纪念他，连他的子孙后辈都无法参与进来，他的安息之地也不知晓，实为缅怀中的一件憾事。

2018 年 7 月 20 日

记忆中的道路教研室

易建国

我于 1955 年考入同济大学道路专业，1960 年毕业。1959 年 8 月被抽调为半工半读生，分配在路桥系总支，任系团总支书记兼党总支秘书，还担任道路专业 64 届班主任。两年后（1961 年）进入道路教研室。当时陈本端教授是室主任，朱以敬老师是室党支部书记。我到教研室后开始做陈老师的助教，参与辅导路面工程课程的教学；后来陈老师的课让朱以敬老师讲授，我就成了朱老师的助教，仍继续辅导路面工程课程的教学，同时指导同学的毕业设计和实习，还承担函授教学中的道路施工组织设计课的作业批改和答疑工作。后来，朱以敬老师做在职研究生，我开始接任教研室党支部书记，兼任道路 64 届的政治指导员，直至这批学生毕业。1965 年春，我体检时发现得了肺结核病（浸润期），从此被迫停止工作，专心在宿舍治疗。

在我工作期间，道路工程的毕业生陆续有留在教研室工作的，如 61 届的徐慰慈、吕锡坤，60 届的陈龙泉（研究生毕业），64 届的彭国雄、胡世德等。教研室为外校培养的进修教师也很多，诸如：西安空军学院的姚炳卿、东北林学院的赵万林、西安公路学院的张乃苍、哈建工的邴文珊与郭大智等。道路教研室为国家培养了众多的专业人才，可以算得上是当时全国道路工程专业的引领者。

1966 年 5 月“文化大革命”开始。1969 年，教研室集体到罗店公社胡家塘生产队劳动，一起睡在农民家堂屋内的稻草地铺上。1970 年，我和张廷楷老师是第一批赴安徽歙县五七干校参加劳动的。1971 年，从干校调回后，路桥系已分成铁路连队和道路连队。我被分到道路连队的力学小组，成员有李明昭、周竞欧、王子恒和我，参加理论力学、材料力学的教学辅导工作。相继随连队参加了几处桥梁工地的现场教学，还在北镇黄河大桥工地被抽调当技术员。我在工地待了八个月。1974 年第二届工农兵学员入学后，我仍在连队力学小组，参加了桥梁工地的现场教学。1976 年 8 月参加了江西井冈山公路勘测的现场教学。1977 年，“文化大革命”结束后，我被分配到李国豪先生领导的抗震研究小组工作。此时，道路连队已恢复至原来的道路教研室和桥梁教研室。后来，桥梁教研室并到结构工程系，我也就随桥梁室到结构系去，从此与道路教研室分别了。

我在道路教研室踏实教学工作的时间就是 1961 年至 1964 年，即我生病前的四年。道路教研室内部是一派和睦相处的氛围。年长的几位老师，如翁朝庆教授以及朱照宏和徐邕生老师都住在校外，除周二和周五下午的集体活动外，教学工作联系较少，我也较少向他们请教。年轻的几位老师，如朱以敬、张廷楷、姚祖康、严家伋等，对我的指导和帮助很多，困难时期还请我到他们家里吃饭，我都记忆犹新，现在想起来还是很怀念的。2018 年 6 月 6 日姚祖康老师邀请我出席座谈会，见到久违的老师们，我就有“回家”的感觉，十分惬意。

2018 年 6 月 14 日

念念不忘的两件大事

李　方

1955 年夏天，我高中毕业考取了同济大学，当时是不能直接填报专业的，所填志愿只是“建筑与市政工程类”，其中包括建筑学、工民建、铁路工程、桥梁与隧道工程、公路与城市道路工程、给排水工程、暖气通风工程等，待录取进校后再通过二次填志愿分配，结果我被分到了所填的最后一个志愿——“公路与城市道路工程”。事后为此我询问当时担任系主任的陈本端教授，他回答我说：“我们国家的公路与城市道路确实落后，但靠谁来改变呢？就要靠我们呀！你既然填了这个专业，专业思想问题总比根本没填的人要容易解决吧！”虽然当时我心有不平，觉得早知如此就不要填五个专业，甚至像有的人那样，五个志愿都填一个想进的专业就好了。可是又觉得陈本端教授说的也有道理，便安下心来认真学习，一、二年级都考了全五分的好成绩（当时学习苏联实行“五计分制”）。果然到三年级的时候，我就爱上了这个被人看作根本不需五年大学学习的“马路专业”，并决心学好专业课。在学完大学四年半课程以后，又被提前留校当了老师，担任了陈本端教授的助教。现在回想我这一辈子干了这一行，为改变我国道路交通的落后面貌也付出了自己的一份努力，如果不是当年陈本端教授对我的开导，谁知道现在会是个什么结果呢?

有两件大事令我对陈本端教授念念不忘。

1977 年“文化大革命”刚结束，交通部组织了相关人员到英国、日本和罗马尼亚参观考察计算机在公路设计方面的应用，其中有戴竞总工程师。他在一次同济大学举办的座谈会上说，我们用手工画一幅道路纵断面图连计算加绘图差不多需要两天，还常常难免出错，可是国外利用计算机只要几分钟就能完成。我深受启发，便想着手学起来。我打听到王世锐总工程师也是这次出国考察的成员，他们从国外带回了许多相关资料，而他是陈本端教授早年在美国留学时的老同学，关系密切。于是我便恳请陈本端教授帮我把这些资料全部借了来，足有一尺多厚。为了尽快发挥这些资料的作用，除了请一些英语好的老师帮忙以外，陈本端教授主动帮我翻译了其中最主要的英国道路设计 BIPS 系统和道路优化 HOPS 系统的全部资料，足有厚厚几叠稿纸。从此开始了我道路 CAD 的研究生涯。

1978 年夏，我国实行改革开放政策，学校选派第一批出国留学教师，我被列入了预选名单。可真要出国，还需先通过英语考试关，然而我们读中学时根本不重视英语，因为当时高考不考外语，因而基础太差，大学时又学的俄语。于是陈本端教授便为我选了一本英语教材，每天跑到我那只有 9.8 平方米的小家对我进行家教。正值炎热的盛夏，我那间又热又闷的小房间里只有一个小电风扇，陈本端教授脱下仅有的汗背心无奈地问我说：“我只有倚老卖老打赤膊了，行吗?”我也只得苦笑。经过大约两个月的临时报佛脚，最终我还是没能通过英语考试这一关，让陈先生为我白费了苦心。虽说对此我心中十分惭愧，感到很对不起他，可是他为我所做的一切却令我永世不忘、感恩不尽。所幸后来学校抽调了一批教师脱产学习一年德语，我终于过了德语关并申请到联邦德国“洪堡奖学金”，我想唯有如此才能对得起他对我的无私付出。

从我 1955 年进入同济大学学习到 1960 年留校任教，陈先生与我作为师生与同事数十年，虽然不论是年龄，还是在事业上，我们都是两代以上的人，但在我们之间丝毫没有代沟，自我婚后房子分到他家对面的村三楼，更是抬头不见低头见，陈先生那亲切憨厚的笑容时时激励着我，为国家公路事业做出杰出贡献的老前辈永远是我们及后代学习的榜样！

2018 年 6 月

缅怀陈本端教授

景天然

我1960年到同济大学道路教研室工作，陈本端先生已担任了多年室主任一职。他留学过美国，并有丰富的工作经验，可以算得上是当时道路专业的权威之一。他德高望重，富有包容心，善于与教研室各层次的人相处，能很好地与党政干部配合工作，使教研室欣欣向荣。当时，全国道路专业的教师纷纷来我们教研室进修，而我们教研室的教师也会被选派到外地建立新的道路专业，交通部选址我校合作建立为数不多的公路研究所，各交通部门也抢着要我们的毕业生。这一切说明了我校道路专业的工作得到全国同行的认可，是走得比较前面的。这里面有陈先生的一份功劳。

在教学方面，陈先生主要讲授道路勘测设计课程。我担任过该课程的辅导工作，并且几乎年年带学生到各省交通厅进行公路勘测实习。陈先生的课十分生动，他表情丰富，很有感染力，黑板字也写得很好，图也绘得漂亮，学生们都喜欢听他的课。我印象最深的是他讲公路选线的内容。我每年带学生到公路测量队实习时，最难学会的就是公路选线。因为要考虑的因素比较多，实际情况又很多样化，往往难以掌握。我向陈先生反映了此事。后来，陈先生下了功夫，在课堂上讲述山区公路选线时，把选线工作条理化，增加了可操作性。他举了很多例子，并希望有较多的实践机会。后来，杭州园林管理局来我校，要求我们结合学生实习，帮助勘测设计杭州至玉皇山的上山公路，高差 500 多米，路长 5 公里多。师生共同参与，按陈先生讲的办法选线，顺利地完成了测设。最终设计被采用，并很快就建成了公路。通过此事也进一步让我相信陈先生传授给学生的办法都是非常具有实操性的，可真正拿来用的。

1966 年开始的“文化大革命”对陈先生冲击很大。家中的保姆回去了给先生的生活带来了不小的困难。但是他还是坚强地面对现实，坚持参加学校活动。甚至有较长一段时间我们下农村劳动，陈先生也与我们一起去。后来，搞开门办学，教师常要出差、下工地，因陈先生的年龄和身体关系，没有让他参加。此后，他再未担任行政和教学工作。

1991 年 8 月，我们和蔼可亲、令人尊敬的陈先生永远地离开了我们。

陈先生，您安息吧！我永远怀念您！

2018 年 6 月 16 日

忆陈本端老师二三事

汪光焘

一、拜见陈老师

回忆初见陈老师还是1978年的9月。我和周继业同学研究生入学之后，朱照宏导师提议让我们去拜见陈本端老师。我大学本科期间学习的是城市建设专业，侧重的内容是城市的道路交通，对于公路选线方面的知识只是在承担当年徐州地区养路段的设计任务时，向我南京工学院毕业的同事学习了一点，并知道了公路设计中最难的是回头曲线。抗日战争时期陈老师为滇黔公路所做的贡献和他的故事让我对他产生了由衷的敬畏，同时又害怕会答不上陈老师的提问，就是带着这样欣喜又紧张的心情去的陈老师家。说实在的，陈老师在业界、在学校是德高望重的老教授，害怕还不是主要的，关键是自己的知识太贫乏了。没想到我们在客厅里谈得十分愉快，陈老师知道我们的经历，也了解求知的愿望，鼓励我们要珍惜这次机会。离别十五年重返校园要有勇气，而这首先是来自和蔼可亲的老师们，三年多相伴的同学们。

二、苦心和厚爱

第一次拜见陈老师之后，我就有了胆量敢向陈老师谈我的短处。回顾研究生学习的三年多，朱照宏导师对我研究能力的培养，姚祖康老师对我课题的指导，还有陈本端老师苦心引导我思考问题的方法。上学时文字功底就不好，又长期在工程现场，让我内疚的是论文是在朱照宏老师逐句订正下改进的，当然这也为我日后工作打下了基础。但是，直到今日我的外文水平仍较差，难以向老师们交代。研究生那三年，我在英语阅读上花的时间真不少，难的是没入心、未入脑。自己总结主要还是应付了考试，应对了一般性资料的查询。回忆去陈老师家，他总是给我提出一些要求，讲的都是鼓励的话。三十多年光阴如梭，清晰地记得老人家对我的厚爱。

三、“或许是更好”

人生的转折点很多。1981 年下半年，面临毕业后工作去向问题，我内心唯一的想法是留校。然而，当年的选派制度是个人可以有愿望，但最终要服从组织安排。我深知朱照宏老师为我做了很大努力。事实上，组织让我回到了入学前的工作地——徐州。为此，去看望陈本端老师的那次，他老人家讲“或许是更好”。他分析说，在学校搞研究，从微观角度，相信会有成果。如果回徐州，不会类同留校的状况，猜想会从宏观上开展工作，工作空间可能更大一点，或许这是更好的。事后我多次与好友们提起这段往事，我猜想这也许是先生联想到自身当年抗日战争滇黔公路工作经历的感触。现今纪念陈本端先生，我回忆这段，更重要的是想让大家知道先生教书育人的胸怀。

2018 年 6 月 6 日

纪念我父亲的挚友陈本端伯伯

翁祖华

陈本端伯伯（1906—1991）和我父亲翁朝庆（1911—1981）分别于1929年和1933年毕业于交通大学唐山工程学院。大学毕业后同在国民政府交通部工作。他们的直接领导是近代中国公路事业的开创人赵祖康先生（1900—1995，1922年毕业于唐山交通大学土木工程系）。陈伯伯学识渊博，风度儒雅，他是我父亲的挚友。20世纪50年代，我家住在复兴中路新康花园，陈伯伯常来我家与我父亲谈论专业学术问题，以及如何培养年轻教师。可能是陈伯伯的儿女都已长大了，那时的我才七八岁，是个小学生，他每次来我家总是喜欢拉着我的手，摸摸我的头，关心地询问我在学校里学到了什么。我告诉陈伯伯我正在学装矿石收音机，并拿出刚刚做好的飞机模型给他看，他笑呵呵地鼓励我："不错，继续努力。"泰兴路360号是市政协文化俱乐部，我在父母的带领下经常去那里，也时常能在那里遇见陈伯伯，他每次看到我就会给我买好吃的，夏天时买冰砖，冬天时就买牛奶红茶，那时陈伯母已身患重疾，所以陈伯伯总是一个人来文化俱乐部。

随着我慢慢长大，便知道了更多事情。抗战期间，陈伯伯在大西南工作，打通了重庆—云南—缅甸—印度这条国际线的国内部分。我父亲则在大西北打通了重庆—西安—兰州—迪化—苏联这条国际线的国内部分。抗战胜利后，赵祖康先生、陈伯伯和我父亲都回到上海工作。1952 年，全国高校院系调整时，陈伯伯和我父亲都被调到同济大学路桥系工作，陈伯伯任系主任。

“文化大革命”以后，我见过陈伯伯两次。一次是在 1981 年 2 月我父亲的追悼会上，那时陈伯伯身体还算硬朗。另一次则是 1985 年春天学校统战部组织的发还抄家物资活动，这时陈伯伯已拄上了拐杖，走路很慢。

2018 年 6 月 26 日

寻找陈先生的后辈

吴承志

杨佩昆先生有一位上海交通大学和同济大学的同班同学顾家麒先生。他俩都是陈先生当年的学生。1953 年从同济大学毕业后，杨佩昆先生留校任教，顾家麒先生则去了北京，在国家计委工作。1958 年，中央机关干部下放时，顾家麒先生到青海省工作，曾经是青海省计划委员会交通处长。20 世纪 80 年代末出任青海省投资公司总经理。顾先生在青海工作三十多年，为青海省的铁路、公路、水运和航空事业贡献了一辈子。退休后定居上海。

最近一次偶然的机会，我与顾先生谈到正在组稿撰文缅怀陈本端先生一事。我告诉他，我们找不到陈先生后辈的信息，实为憾事一件。

顾先生听得十分仔细。听完之后，他告诉我："陈先生的女婿叫祝慕高，1924 年出生，1947 年毕业于上海交通大学土木工程系，祝先生的数学非常好，除了在上海交通大学任助教外，还来我所在的上海复旦中学兼职教我们数学……不知哪一年，祝先生去了北京。"

顾先生还说，2018 年年初，上海交通大学校友会刊物上有过关于祝慕高先生向母校捐助一事的记载消息。

啊！真是一个突如其来的好消息！我请顾先生帮助寻找祝先生在北京的住址、电话号码及原工作单位。顾先生即与当年的同学联系，将相关信息转告了我。顾先生还说祝先生可能曾经是土木工程学报的编委。另外，还告诉了我有关陈本端先生的女儿在 2013 年时的一点情况。

之后，我立即打电话想联系上祝先生。一一尝试后却都是空号。我又马上打电话给在北京的翁朝庆先生的长子翁祖平，祖平听了我的说明后，大声道："好事！我会按所述地址和原工作单位去找祝慕高先生。"让我稍等几天。

后来，我又用别的办法寻找祝家，因为顾家麒先生为我提供了姓名、住址、电话号码。经查询，方知陈本端先生的大女儿和女婿分别于 2014 年 9 月和 2018 年 4 月去世，但幸运的是找到了陈先生的大外孙祝祁。祝祁给我来了电话，与我详谈了陈家后辈的情况，后来还给我传来了许多文字材料和照片，都是纪念陈本端先生的友人们想要知道的陈家后辈们的一些人和事。

经与祝祁核对后，整理出陈先生后辈的一些情况，具体如下：

陈本端先生，祖籍江西省黎川县，1906 年出生于天津。父亲陈鹤荪是一位银行家。曾祖父陈孚恩，清道光年间军机大臣，遭佞陷，殁于新疆。江西黎川县早已为陈孚恩建园纪念。2017 年，又在园内为陈本端先生立塑像、撰碑文，并拟将暂厝于上海市闵行区颛桥寝园的骨灰迁回黎川落葬。

陈本端先生的妻子王桂馥，1905 年出生于北京，祖籍河南。1963 年底病故于上海家中，当年陈先生 57 岁。陈先生的亲妹妹陈本真，北京妇产医院常务副院长，在黎川县的园内也立有塑像。

陈本端先生的骨灰盒（上海颛桥寝园）和塑像（江西黎川陈孚恩纪念园内）

陈本端先生婚后育有子女四人，分别是：

陈在新（大女儿）1928 年生，1951 年毕业于上海交通大学财政金融专业。毕业后与祝慕高先生成婚。大女婿祝慕高，1924 年生，祖籍浙江海宁。1947 年毕业于上海交通大学土木工程系，也是陈本端先生的学生，毕业后留校做助教。20 世纪 50 年代初，中央各部委缺少人才，夫妻双双响应国家召唤去了北京。陈在新在财政部工作。1975 年，邓小平同志主持整顿时期，陈在新调至国务院扭亏增盈办公室，后回财政部至退休。祝慕高长期在五机部（后为兵器工业部）第五设计院任副总工程师，后任该部第六设计院副院长。之后在兵器工业部建设局出任总工程师。2013 年有友人去祝家探望，陈在新已长期患糖尿病，且不能认人。2014 年 9 月因急性酸中毒病故于北京，享年 86 岁。祝慕高坚持 20 来年为母校校友会捐助，2018 年初校友会刊物上榜上有名。但于 2018 年 4 月 23 日因脑梗、肺部感染病故于北京，享年 94 岁。

陈在新和祝慕高有两个儿子。大儿子祝祁，1953 年生。10 岁前住在外公位于同济新村的家中。1963 年因外婆病重，由母亲带去北京。祝祁当年在四平路第二小学上学至三年级。20 世纪 60 年代后期上山下乡运动中去了黑龙江建设兵团。返城后回到父母身边，入读经济管理学和心理学两个大专。先后在北京环境保护机械厂、西苑饭店、中国银行等单位工作。退休后为心理咨询师。

陈在新和祝慕高的小儿子祝宪，毕业于北京大学，长期在财政部工作，后任世界银行执行董事，现任金砖新开发银行副行长。

陈在坤（小女儿），1930 年生。1948 年病逝于上海。

陈在春（大儿子），1932 年生，1957 年被“错划”右派，在崇明农场劳动。1980 年“改正”后在上海教育学院任教。因心脏病于 1985 年病逝，无子嗣。这一年，陈本端先生 79 岁。大媳妇高梅筠，高级技工，在陈在春去世后，一直住在陈家照料陈本端先生直至其逝世。

陈在晨（小儿子），1934 年生。毕业于北京医学院，曾为北京平谷医院内科医生，现居当地养老院。陈在晨有一儿子，名陈晖，1967 年生，居住在成都，原在省劳动厅工作，后因身体欠佳，离职休养。

陈本端先生的续弦沈在惠，大户人家出身。婚后一直照料陈先生，直至陈先生离世。陈先生去世后她迁出同济新村，回到市区原先的老房子去了。

陈本端先生的堂弟陈本济，二人如亲兄弟。在陈本端先生去大西南的那段时间里，上海家里的生活担子是由陈本济挑起，帮忙照顾一家老小的。

陈本端先生家里还有一位多年关照其生活起居的保姆龚秀珍，太仓人。陈家人都记得她。

陈先生当年住在同济新村村四楼346号2楼。陈先生曾经是上海杨浦区人大代表，民盟成员。“文化大革命”期间遭批斗，罪名是“国民政府国大代表”“资产阶级反动技术权威”及沈夫人的海外关系。“文化大革命”后，为陈先生恢复名誉。

经陈家人确认，并有文字记载，陈先生于1991年8月14日病故在上海华东医院。

陈先生去世后，同济大学组织治丧委员会，高廷耀校长为治丧委员会主任。学校对陈本端先生的一生给予了充分肯定和高度评价，如“创建了我国高校第一个道路工程专业”“培养了大批优秀人才”“学术造诣很深”“谦虚待人，为人正直”“热爱社会主义热爱党”“关心年轻一代成长”等。哈尔滨工业大学、东南大学、湖南大学、河北工学院、西安公路学院等都发来唁电。挚友俞调梅、陈从周老先生等都来敬挽。交通部规划设计院、交通部公路研究院等也都有唁电哀悼。遍布在全国各地的陈先生的学生，得知先生去世的消息后，也均表达了深切哀悼。

陈先生一辈子培养了数百名国家栋梁之材，为抗战后方基地建设贡献了自己的一份力量。我辈殷切地期望将陈先生的高尚品德在下一辈年轻人中传承下去，代代相传。

2018年7月20日

我心中的丰碑

祝　祁

外公，我心中的丰碑，他那既威严又和蔼可亲的高大形象，永远在我的记忆中。

童年的我，站在同济新村村四楼家中的阳台上，等待着外公下班回家，他穿着笔挺的短大衣，手拄“文明棍”，这是我父亲的说法，他说外公那时年龄也不大就拄棍，要的就是“派头”。每当夏日，他下班进新村前，会在院门口冷饮店买上一块“光明”牌冰砖，怕融化了，他便用手帕包着拿到家里，笑着叫我赶快吃。我跟我父亲说，这时他就没有那“派头”了。

然而，外公对我的两个舅舅则是严肃有加。外婆病得很重时，大舅从农场回来，多请了几天假回家陪老母亲，他写给同事的一封信未写完放在了桌上，被外公看到。信中说到在家里喝到了牛奶，用现在的话就是“炫耀”，对此外公严斥了他，并让他次日就回单位工作。在这件事里，其实充满了父爱，那牛奶原本是困难时期给教授们的特补，然而正是外公特意让阿姨留给患有哮喘病的大舅喝的。

大舅去世后，同济大学校方与北京方面洽商，借调小舅到同济校医务室，为的是外公身边无子女，他来了好照顾老人家。小舅工作了一段时间后，北京方面要人，外公只对小舅说，那里的乡亲更需要你，你尽快回去，我这里有同济呢。小舅就这样回到了他服务了大半辈子的京郊农村医疗事业中。为这事我母亲曾多有抱怨，也都被外公“驳回”。

我在外公身边生活了九年。我少年时期的成长，始于外公对我的教育，我在四平路第二小学（现同济小学）上学时，三年级就担任少先队大队长，当时还是校合唱团的成员，曾担任“唱支山歌给党听”的领唱，外公对此一方面称赞我，一方面要求我切勿自满。1987 年，我因公务两次出差到上海，他看到成长起来的我很是高兴。我深知我的进步都与他的谆谆教诲密不可分。第二次去的时候，与前一次相隔没有多长时间，他见到我就说：“你怎么又来了，这次你就不要住了，赶快把工作上的事办好。”

外公离开我们二十七年了。今天，他一手培养的国家栋梁，他的弟子们深情地缅怀他、追思他。外公他老人家吃苦耐劳，无私奉献，辛勤耕耘，对于我国的公路桥梁建设，他付出了毕生的精力和心血。他为人谦和、正直，且要求严格。在“文化大革命”中，他受到委屈，平反后却从不抱怨，虽年事已高，仍然全身心地扑在了他所奋斗的事业上，直至生命的终点。作为他的后人，我们将永志不忘。

外公陈本端先生，我心中的丰碑！您的精神将永垂不朽！

2018 年 7 月 29 日

以勤自督促，愿见祖国富

——记铁道工程专家李秉成先生

郦 萌

李秉成，中国老一代的著名铁道工程专家和教育家。1908年生于浙江富阳。1930年毕业于复旦大学土木系。先后在杭江、浙赣、黔桂湘黔等铁路任职。解放后，曾历任复旦大学、上海交通大学、同济大学、上海铁道学院教授（二级）、系主任、研究所所长、学报编委会主任（主编），并兼任上海铁道学会副理事长、铁道部科学技术顾问委员会委员、学位评定委员会委员、上海市科学技术协会学术委员、市教授职称评审委员会委员等职。他一生献身我国铁路事业，足迹遍布半个中国，著述甚丰。出于门下者不下数千人，可谓桃李满天下。

（一）

李秉成先生的家乡是景色秀丽的富春江畔场口镇礼门村。虽然家道小康，但三岁丧母，幼时也经历了不少人间悲苦。十一岁即离家远出，矢志求学。先后就读于宁波三一书院和杭州蕙兰中学。十八岁时考入复旦大学土木工程系。李秉成夙兴夜寐，勤奋自勉，以优异的成绩提前一年毕业，获学士学位。

1930 年，考入杭江（杭州—江山）铁路，始任练习工程司。在实际工作中他显示出卓越的才能和学识，因而渐渐受到重视，很快由帮工程司升任公务段长。

1933 年杭江铁路建成，铁路继续向江西省境内延伸，是为浙赣铁路。李秉成奉调参加浙赣铁路南萍段的选线工作。当时有南北线之议，他注重实际，深入勘测，用半年多时间实测三百多公里，终于选定线路较短、工程难度较低的南线方案。随后，他被调任到当时国内屈指可数的特大桥之一的赣江大桥，任桥基钻探队队长。在他的主持下，采用穿心钻方法获取河床底层地质资料，为大桥建设提供了可靠的依据。

在“杭江”“浙赣”的六年工作经历，既使李秉成为国人能独立筑路而自豪，也使他深感中国铁路建设手段上的落后和自身学识上的不足，因此有意出洋留学。经四方奔走，1936 年在亲友的支持下，带着事业救国的宏伟抱负自费赴美留学，8 月进康奈尔大学研究院。通过刻苦的攻读，第二年秋天便获得了土木工程硕士学位。接着在美国德拉瓦—胡特松铁路实习。1938 年，李秉成转赴英国，在多曼隆公司桥梁厂实习并考察了伦敦东北铁路，嗣后又顺道去德国、荷兰、比利时、法国考察，广泛吸取各国铁路建设的经验和特色。

当时“中华民族到了最危险的时候”，李先生心系正惨遭日寇蹂躏的祖国，于1939年3月毅然回国。他穿过沦陷区，越过封锁线，抵达湖南湘潭，任湘黔铁路副工程司。

然而，等待李先生去做得却是一件意想不到的工作。

国民党军队在主战场上节节败退，居然提出了所谓“焦土抗战”的对策。但火烧长沙也没能阻止日寇沿粤汉铁路发动进攻。当李先生拿着调令兴冲冲上任时，接到的却是一纸将湘黔铁路已修通的湘潭—兰田（涟源）段“兴夜拆毁”的指令。他后来每每回忆起这件事时，不无讽刺地说：“我抱着满腔抗日热情远道归来，参加抗战的第一件事不是造路竟是拆路。这是我做梦也没想到的。弱国无实业。‘实业救国’也只是一句空话罢了。”筑路队伍撤退到广西后，湘黔铁路改组为黔桂铁路，他仍然任工程司。但由于极度失望，不久便辞职北上来到地处陕南城固的西北工学院，在土木系任教。

（二）

李秉成先生始终不能忘怀所钟爱的铁路事业，两年之后（1942年）他重新回到铁路，出任黔桂铁路正工程司。1944年湘黔铁路计划复路，他又回湘黔铁路担任勘测队长。他带领全对从湘潭向西沿线进行实地勘测和测量。正当他们即将完成全线勘测时，日寇又发动衡阳战役，桂林也接着沦陷。日军先头部队甚至深入到黔南独山都匀一带。勘测队无法沿原路返回，全队只能翻越湘西武夷山脉，于1944年10月辗转回到后方贵阳。在贵阳，他们整理了勘测资料，提出周详的选线勘测报告，拟定了复路计划。按当时估算他们所选之线可节省投资1亿～2亿元之巨。

由于战火不断蔓延，复路不过是纸上谈兵。李先生觉得在贵阳已无事可做就去了当时的陪都重庆。

这时国民政府交通部正在举行“美国租界法案派遣赴美考察实习的铁路人员考试”，他也前去应试，被顺利录取。1945年6月进入美国D&H铁路实习。同年年底，即被调到华盛顿参加交通部驻美代表处工作，任技术专员兼铁路组组长。

第二次出国的李先生，景况和心情与九年前大相径庭。当年作为一名自费的穷留学生，生活自然是十分清苦的。这一次不但是公费派遣，而且被委以重任，待遇自然优越多了。但回国五年来兴路救国梦想破灭的阴影仍然笼罩着他，使这次出洋带上许多无可奈何的伤感。

李先生在这个岗位上一共待了两年半，主要的工作无非是收集美国铁路技术资料，参与战后铁路复兴贷款和机车购置的谈判以及桥梁的监造等。这些工作无须技术且又不能过于认真。他觉得这样下去无异于浪费生命。1948年6月正式请调回国。

第二次从海外归来已是抗战胜利之后，这自然令他兴奋。但从那些来看望他的亲友的口中听到的却都是对政府腐败的议论，又使他感到十分沮丧。交通部长俞大维请他在南京做官，他也拒绝了。最后，他选择了曾经为之付出过黄金年华的浙赣铁路去担任一个“工程顾问”的职务，这个顾问一职并没有明确的任务，所做的工作也只是为浙赣铁路的“复兴与改善”争取子虚乌有的“铁路美援”而已。

（三）

新中国成立后，李先生回到母校复旦大学任教，主讲站场设计、铁路养护等课程。1951 年由复旦土木系调入上海交通大学土木系。1952 年又从上海交通大学土木系调入同济大学，从此开始了他的教授生涯。他曾任同济大学铁路系主任，铁路教研室主任等职务。1973 年又从同济大学铁道工程专业调入上海铁道学院。

李先生从教治学极为严谨。他所教授的每一门课程不仅内容充实、条理清晰，而且结合他一生丰富的选线、施工、养护的经验并借鉴自己考察所见，例证丰富。学生们都觉得听他的课是莫大的享受。他所著《铁路勘测与设计》是我国最早被广泛采用的教材之一。

对铁路选线方面的研究，李先生有很深的造诣，因而他在铁路工程界和学术界享有很高的声誉。早在 20 世纪 60 年代，他所发表的《曲线半径、超高和最高速度》《铁路缓和曲线长度问题》等论文中就系统地阐明了轮轨动力学上的很多重要问题，其中某些论点、论据和资料多年来还一直被学者们所引用。

李先生博览群书、好学不倦，即使在十年动乱期间，仍然不顾压力，手不释卷，著述不已。1980 年后，李先生陆续发表了许多关于我国路网建设的文章和建议，阐发他毕生努力总结和归纳的学术思想：中国社会主义建设必须有铁路的飞速发展，应该根据国情尽快修建不同标准的铁路。他关于“按地形自然规律选线，工机配合，利用机械威力协调自然”的观点

李秉成先生在家中

已被决策部门逐步采纳。他特别对于铁路的曲线半径及列车在曲线上通过的力学模型做了深入研究，为建造适合我国国情的高速铁路做了理论上的准备。

这时的李秉成先生已年逾古稀，双手颤抖的情况日益严重，视力也急剧下降。然而，他依然会颤颤抖抖地捧着放大镜，低埋的头几乎贴近桌面艰难地阅读和写作。每逢子女来看望他，都免不了被抓“工差”，或誊写文稿或描绘插图，这种情况一直延续到他生命的终点。

李先生十分注意对年轻人的培养，除了自己带研究生外，还在他担任主编的学报上为青年人提供园地，鼓励他们精于治学。晚年，他还不顾八十高龄带领年轻人外出收集资料和考察。之后，他又把一生收藏的几百册珍贵的中外图书捐献给上海铁道学院图书馆，以供后人研究之用。

1991 年 2 月 15 日，正当“爆竹一声除旧，桃符万象更新”之时，李秉成先生长眠于春的怀抱里。“老来丝犹吐，以勤自督促；将寿补蹉跎，愿见祖国富。”这首自勉诗给李老为祖国铁路事业鞠躬尽瘁的一生画上了一个圆满的句号。

1991 年 6 月

春蚕到死丝方尽

郭达飞　金寿延

李秉成教授不幸于1991年2月去世，我们深感悲痛，没想到他这么快就离开了我们。

李教授是我国铁路工程界的老前辈，早年留学美国，就读于康奈尔大学研究院，获土木工程硕士学位。嗣后，先后在美国D&H铁路、D.L.公司桥梁厂和英国道门朗桥梁厂和克利夫兰桥梁公司实习，同时考察了美国、德国、英国、荷兰、比利时、法国等国的铁路。1945

李秉成先生在图书室查阅资料

年，他成为美国土木工程学会（A.S.C.E.）和美国铁道工程学会正式会员，并任当时中国政府驻美国物资供应委员会交通处专员兼铁路组组长，同时兼任联合国救济总署工业局专员，负责处理联合国资助中国铁路建设的有关事宜。

解放前夕，李先生毅然返回祖国。从 1949 年底到 1973 年，先后出任复旦大学、上海交通大学、同济大学教授和同济大学铁路系主任。

李秉成教授学识渊博，任教期间以讲课逻辑性强、语言生动、内容丰富、重点突出而著称。特别是在同济大学和上海铁道学院任教期间，致力于铁路曲线和铁路选线的研究工作。他将国外有关铁路曲线半径和曲线的理论研究及使用情况结合我国实际加以论述介绍，并且撰写了《选线技术在我国铁路的运用》《按自然规律定坡选线雏议》和《加速我国铁路网建设问题的探讨》等论文。为了降低造价，使有限的建设资金发挥更大的作用，他提出了“顺从自然才能征服自然”和“工机配合”的选线设计理念，目的是有利于缩短线路长度，节省工程投资，减少维修养护费用。经过多年的实践检验，李教授的这个理念已逐步为铁路部门的决策者所认识。

1978 年，此时已是古稀之年的李教授精神焕发，他不仅担任指导硕士研究生的任务，而且对我国的选线技术和建设方针提出了深刻且全面的看法。甚至退休后，在垂暮之年，他还撰写了《美国铁路战时扩大运能的卓越成效》一文。与此同时，他还把一生珍藏的几百册中外图书捐献给上海铁道学院图书馆，将个人的知识财富贡献给祖国的铁路事业，拳拳赤子之心可见一斑。

李秉成教授的一生，是献身于我国铁路建设事业和教育事业的一生。他一生治学严谨，重于实践，为人耿直，勤以学问，认认真真教学，兢兢业业钻研，学到老、工作到老。他那“春蚕到死丝方尽”的奉献精神值得我们后辈永远学习。

1992 年 8 月

龚雨雷先生业绩

杨佩昆

（一）龚先生在“学习苏联高校教学体制”学习会上

1952年暑假期间，由当时各高校土木系中设有结构、公路、铁路、市政各科的国立和私立大学，各自派代表来同济大学，按科分组参加“学习苏联高校教学体制”学习会（下文简称“学习会”）。公路科，上海交通大学派陈本端教授为代表，派龚雨雷以教师代表身份和我以学生代表身份来当秘书；同济大学派翁朝庆教授参加。

“学习会”的第一阶段，是学习苏联高校的教学体制。苏联高校学制5年；教学组织设置体制不同于过去高校的“校—院—系”体系，而是“校—系—教研室—专业”体系；对教学管理体制非常严谨细致：各个专业都有一套“教学计划表”，表中会列出5年中每学期须学的全部课程、每年暑期实习的安排以及最后一学期须做的毕业设计，毕业设计须经答辩委员会的答辩通过；任课老师必须制定其课程全部教学内容安排的“教学大纲”，“教学大纲”还须经教研室讨论通过；任课老师须按“教学大纲”制定一份精细到每门课程每次讲什么内容的“教学日历”。龚先生注意到：苏联有一个与上海交通大学公路科对口的“汽车干道与城市道路专业”(后来简称“道路专业”)。这个专业的“教学计划表”中，列出必学的基础课与其他土木类专业差不多，但在课程的学时安排上有较大差异，学时比其他专业多的课程有：测量、地质、水力水文学等；学时比其他专业少的课程有：力学类课程、桥梁课程等。但专业课程，除主课公路工程、筑路材料外，还要学城市道路设计、道路施工组织设计、公路工程养护与管理、路面路基结构等课程，而不学相邻的铁路工程、给水与排水工程、城市规划等与汽车干道、城市道路相关的课程的知识。这个专业的实习内容，第一年是认识实习，之后的顺序则是指测量与地质实习、定线实习、施工实习。龚先生面对苏联教学管理体制的严谨深有所感，他曾说：“怪不得苏联能出人才，发展科学。”但对课程设置的专业化却又感叹说：“这‘专业’学习的知识面太狭窄，不能与交大土木系公路科相比，毕业后就业的适应能力太差，而且还不知道在设计城市道路时，要怎么符合城市规划的意图；在修建城市道路时，不知道怎么与给、排水管道相处等相关问题。”陈本端和翁朝庆两位教授对龚先生的这些见解点头赞同。接着他提出建议：精简道路施工组织设计、公路工程养护与管理、路面路基结构三门课程的内容，并入公路工程课内，增加相邻的铁路工程课与相关的给水与排水工程课。陈本端与翁朝庆两位教授对此表示同意，但认为这样大的改动要请示一下。结果得到的答复却是一点都不能改动。

“学习会”的第二阶段是：讨论如何把苏联高校的5年制改成我国当时实行的4年制。讨论的关键问题是：如何把在5年内学习的课程压缩在4年内学完。这下可是个好机会。陈本端与翁朝庆两位教授各自提出了减少课程的不同意见。龚先生仍提出上次的建议，但是没有提及要增加其他课程。还是照样请示，答复是课程设置不能改动，可以酌情减少每门课程的学时数。龚先生对此十分无奈。作为学生代表的我，在这样的学习会上，只有学习的资格。间或老师问我有什么意见，我也只能以笑代答。但在这个学习会上，我却学得了苏联教学体制的一整套教学工作的安排。从老师们的讨论中，还学得了龚先生对苏联教学体制、课程设置优劣的评价，改善课程设置的建议等见解，从中深受教育，对龚先生也十分钦佩。

（二）龚先生的教学工作

我从当助教开始，就跟着龚雨雷老师当辅导助教好多年。龚先生是我最敬佩，也是关系最亲近的前辈。龚先生讲授的是城市道路设计课，当时是一门新课程。过去大学里教授教的公路工程课程讲的都是野外的公路设计。全国高校院系调整后的同济大学，按苏联教学计划首开城市道路设计专业课，这是很有学科意义的。龚先生上课，思路清晰，有条不紊，对教材和参考书的内容，就是抓住讲清三点，即要点、重点、难点。这一教学方法让我受益匪浅，也成为我作为教师讲课效仿的一条终身经验。

城市道路设计这门课，当时没有现成出版的中文教科书，只能翻译苏联的。当时学校里、社会上学习俄语蔚然成风，教师们就用突击

二十世纪五六十年代龚雨雷

学会的俄文翻译俄文教材。很多老教授白天上课，晚上“开夜车”搞翻译，一片热火朝天的景象。据《同济大学百年志》记载，1952 年第一学期，有 5 门课程采用苏联教本，翻译新编讲义 93 种，翻译苏联教材 3 种。

教师上课用的讲义甚至是“现抄现卖”交到学生手里的。当时，我作为助教负责将教师翻译文稿送到教材科文印室。龚先生上的城市道路设计课，也是他边翻译俄文版的教科书来边编写讲义、边上课。龚先生的俄文也是自学的，硬是做到能翻译、编写上课的教材。我记忆最深的是每隔一两天就要到龚先生家去等候取翻译、编写的教材文稿。龚先生有 6 个孩子，最小的那时还是婴孩，他和妻子分头照管这么多孩子。有时一个孩子哭闹不肯吃饭，看见我来了，就说要“杨叔叔喂”。我在一旁等着，常见龚先生，一手摇着扇子，一手拿着笔写，桌子上是俄汉词典，边上站着他的“小六子”要他抱，他不时查阅词典，还要抱起孩子哄。文稿翻译，常常持续到半夜一、两点钟，我就在一旁等着。这一幅别开生面的伴师夜译图，我到晚年说起来还津津乐道。

从我还在当助教时，第一次给城建专业学生上城市道路与交通课，一开始我看到学生怀疑的目光，但下课后却得到良好的评价。之后，无论我对本科生、研究生上课都能得到好评，甚至赞誉，这都源于我学习且运用了龚先生的“三点”教学法，因此，我视龚先生为恩师。

（三）龚先生在交通工程研究室

1981 年春，当时党委组织部长石涛陪龚先生一起来“交通工程研究室”，这时研究室同仁正在开会，讨论车辆通过交叉口时各类交通运行参数的统计分析问题。石部长对大家说：“帮你们送一位老教授来。”室内同仁们都愣了一下，接着就鼓掌、热烈欢迎。他在答谢石涛送他来时，我找了一张椅子，他坐下，听大家讨论。会后，他说：“我可以同大家一起做这统计分析，也可让我学学有哪些交通运行参数。”接着还说：“大家知道，我以前一直教城市道路设计课，对交通工程我知之甚少，请大家帮我提供应该学习的文献。”我就对他说：“龚先生，你学习交通工程毫无问题，其实我听你讲的城市道路设计课中，就有交通工程的内容，譬如通行能力、交叉口设计等。还有赵骅先生主编的《城市道路与交通》中，也有不少交通工程的内容。至于要看哪些文献资料，我建议可看看*Fundamental of Traffic Engineering*，*Highway Capacity Manual*，*Traffic Flow Theory*等著作，以及*Traffic Engineering and Control*，*Traffic Engineering Research*等杂志中的文章。”他要了一张纸，把这些参考文献都一一记下了。

不久，我接到美国加州大学伯克利分校阿道夫·梅教授发来接受我去当他的访问学者的来信，我就要办理九月份去美国的各类手续和准备工作。然而，九月份还有两名道路专业毕业的硕士新生将入学，我只得委托请龚先生帮我给这两人上课。我到伯克利初步稳定后，在与龚先生的通信中，得悉他正在给两名硕士生讲*Fundamental of Traffic Engineering*。我从伯克利回校时，他因患肝病，已去住院治疗，离开了研究所，大家都感到十分遗憾。

2018 年 11 月

告慰导师龚雨雷教授

舒自桓

龚雨雷教授是我考入同济大学研究生的首任指导教师，在他的指导下，我最终确定了把塑性水泥混凝土薄层路面的破坏原因作为研究课题，并拟定了需要学习的相关的基础理论课程和专业课程。之前，我对塑性水泥混凝土的认知，仅限于一般水泥建筑材料的范畴，认为塑性水泥混凝土就是与干硬性水泥混凝土相对应的有较大流动性，便于施工的水泥混凝土。读了相关文章，知道了龚先生以前所做的工作，才对塑性水泥混凝土薄层路面有所认识。龚先生倡导现代路面应该向高强、薄层的方向发展，用水泥和沥青两种胶结材料组合的塑性水泥混凝土是可能实现高强度薄层路面的一种新的建筑材料和施工方法。

不久，龚先生从教研室调到学校教务处任副处长。由于工作繁忙，没有时间和精力再指导我的学习和研究，组织上便改请翁朝庆教授做我的指导教师，直至 1963 年 6 月毕业。

龚先生做我的指导教师的时间虽然只有几个月，但对我的培养和教益是深远的。如教导我不仅要学习道路工程设计和施工方面的理论知识，还要学习水泥混凝土和水泥胶凝材料学科的基础理论和专业知识。通过看书自学，旁听建材专业的有关基础理论课和专业课，不仅扩大了我的知识面，还对完成研究课题和以后的工作都有很大帮助。之后，我在完成研究课题方面，也比较顺利。首先，对塑性水泥混凝土的内部构造做了光线显微镜的微观观察，对塑性水泥混凝土在重复荷载作用下的物理力学性能的变化规律做了测试，对塑性水泥混凝土薄层路面的破坏进行了分析探讨。我毕业后被分配到空军工作，在做“机场水泥混凝土道面腐蚀损坏原因及预防”“机场水泥混凝土道面碱集料反应危害与预防”“快凝快硬抢修水泥研制”等课题的研究时，都得益于当年学习水泥混凝土和硅酸盐胶凝材料专业的基础理论和专业知识打下的基础，使这些课题较快获得成果。

在二十世纪五六十年代，用沥青、水泥胶结材料组成的水泥混凝土在当时是一种新事物，国内在不少地方都修了一些小面积的试验段，同济大学校园内的道路上也修了一小段，但这些试验段很快出现了破坏，没有达到预期的效果。当时，有人认为高强度薄层路面是不可能建成的，但龚先生不同意这种理念，他认为高强薄层的塑性水泥混凝土是现代路面的发展方向。现在看来，龚先生当时能有如此理念，真是具有远见卓识。只是当时采用的“黑石法”（将制水泥混凝土用的碎石先用沥青材料处理表面），或是在拌制水泥混凝土时掺入一定量的乳化沥青、纸浆废液等塑化剂的方法，并不能使水泥混凝土的力学性能和变形性能达到想象中的改善与提高，实际上这些做法还有负面影响，所以建造高强薄层的试验路面的理想未能实现。

如今，钢纤维水泥混凝土、聚合物水泥混凝土、纤维增强聚合物水泥混凝土等均能使水泥混凝土的力学性能和变形性能得到显著的改善提高。在交通工程中修建了许多大跨度的钢结构桥梁，在钢结构的底层上修筑了大量的高强薄层路面。祖国交通工程的飞跃发展，将龚先生当年的理想变成现实。

我怀着激动的心情告慰龚先生的在天之灵，您倡导的水泥混凝土路面应该高强薄层、施工快速的理想已经实现了。

2018 年 10 月 20 日

往事琐忆

姚祖康

在我读研究生期间，学习计划的制订、专业必修课（总论和专论）的考试提纲（课程的学习范围）、课程考试（口试）委员会的组成和安排、科研出差和实验室试验等，除了须向导师翁朝庆先生请示外，都要经由教研室的审核同意，并安排落实。龚雨雷先生在1956—1958年间担任教研室主任。因上述研究生学习事项的请示与安排，我便与龚先生有过一些接触。作为青年学生，与年长的室领导打交道，难免拘谨和忐忑，但龚先生总是表露出亲切随和、耐心商谈的态度，让我感受到他对青年人的关怀、支持和鼓励。

1959年夏，我研究生毕业后被分配到道路教研室任教。研究生期间我的研究方向和课题为路基范畴，进入教研室后的执教和科研也就延续在路基领域。龚先生那时担任系副主任（1960年后又调去教务处），进行着塑性水泥混凝土的研究，与我在教学和科研方面的交集不多，平时的接触和业务上的交谈也不多。但在每周二下午的教研室会和周五下午的政治学习会上，都能聆听到他对教学工作的意见以及对时事和政策的分析和见解，感受到他的率真求实，没有套话和官话。

任职后，我住在同济新村新四楼的单身教工宿舍，旁边就是校工会俱乐部。周末晚上，俱乐部大厅里就会响起舞会音乐，我也就经常在周末光临舞会。俱乐部内设有棋牌室，跳舞的间隙我偶尔会去探视一下室内棋牌友的情况，常发现龚先生在那里打桥牌。我在高中时就涉足桥牌，常在课后与同学玩，还学习了家中留存的桥牌书。出于对桥牌的兴趣，我有时会忍不住坐在他边上观战。几次观战后，他便邀请我一起玩，做他的搭档。桥牌是两两成对（东西—南北）玩的，在叫牌过程中要把自己牌的状况宣示给搭档，以便双方能恰当估计可达到的赢牌水平。其间，需依照双方共同认定的规则，也包含暗示，这就依赖于搭档间的默契和配合。几次玩牌后，我们很快就相互适应了。于是，相当长一段时间内，每个周末我们都会相约在俱乐部玩桥牌，而且还组队到市里（位于圆明园路上的上海市政设计院）去参加桥牌比赛。不少牌友在玩牌时常常会因输牌而埋怨和责怪搭档，闹得不欢而散，但与龚先生一起打牌时从未发生过这种状况，当出现彼此误解或估计差错时，我们会在事后一起分析探讨以谋求改进，而龚先生无论赢输都泰然对待，心态十分宽容、平和。所以，我们相处得很融洽，玩得很欢愉。

20 世纪 50 年代一边倒地学习苏联，从专业设置、教学计划到课程设置、教材（讲义）编写都要照搬苏联的。当时教师们迫于形势和教学工作的需要，突击速成学习俄语，随后立马阅读技术文献，并迅即翻译和编写成讲义或参考资料。龚先生在那段时间开设城市道路设计课，翻译出版了苏联的《城市道路设计》教材，还翻译了许多技术文献，并刊登在校情报站编印的参考资料丛刊内。进入 20 世纪 60 年代，学习苏联的口号渐渐弱下来，可以学习和传介欧美的技术了。然而，绝大部分年轻人在 20 世纪 50 年代学的都是俄语，能阅读英、法、德文的人极少。老师们便承接起这副担子，开始翻译和传介欧美的技术文献。龚先生这时已被调到校教务处负责繁重的行政工作，但他仍不舍得完全放弃专业技术，在工作之余便抽空阅读和翻译英文技术文献。当年，图书馆由于学习苏联且外汇制约，早已不订新近的英文期刊，仅剩余早先订下的个别刊物，其中有美国的重要刊物 *Highway Research Board*，后改名为 *Transportation Research Board*。龚先生从中选取对我们的科研和教学工作有参考价值的文献进行了翻译，一部分交由校科技情报站刊印，大部分则由人民交通出版社编辑出版，书名为《公路工程参考资料》。那阶段，我已成家，公私事缠身，已无暇在周末到俱乐部玩桥牌，与龚先生相遇的机会也就少了。但龚先生的译稿大都交给我审校，并转呈给出版社编辑。我们便由牌友转为了文友。

20 世纪 60 年代中期以及“文化大革命”期间，我与龚先生基本上没了往来，也很少闻悉他的境遇。1981 年，龚先生由图书馆转来交通工程研究室，开始重新学习并开展交通工程学的教学和研究工作。在已逾花甲之年，再度回归专业技术领域，这需要多大的勇气、毅力和自信啊！令人十分遗憾的是，数年后不幸罹患重病而无奈中断，把惋惜留存给了同仁们。

龚先生离开我们已逾三十二年，他的身影早已朦胧难辨了，而他的音容笑貌和精神仍将铭记在我们心中。

2018 年 11 月 4 日

回忆与龚雨雷先生相处的一些事

陆鼎中

1952 年我考入同济大学，被分到公路与城市道路专业学习。其间，道路选线及设计课是由龚雨雷先生来教，他讲课生动且思路清晰，至今让我印象深刻。

1956 年我大学毕业后，被分配到道路教研室工作。当时，陈本端先生为系主任，龚先生为教研室主任。他们对青年教师的培养不遗余力。同年 12 月，龚先生派我与翁朝庆先生一起去北京参加全国公路基本建设会议，想让我拓宽视野，增长见识。1957 年底，教研室安排我下放农村劳动锻炼，起先分在母猪棚当饲养员。在这期间，还担任炊事员工作，参加两周基干民兵干部训练。1958 年 10 月 10 日，我又被抽调到公社，分配在计划建设部工作，处理征用土地及房屋拆迁等方面的问题。1959 年 4 月 10 日，得知学校决定调我回去。

在教学方面，我先后参加道路设计、路工学、施工组织计划等课程的辅导工作，特别是辅导道路建筑课程（路面部分）时，更要求我编写和讲授“沥青储池”一章的内容，其间获得教研室老师们的精心指导和大力帮助。另外，我还参与编写该课程的实验讲义。此前，曾要我去武汉带领路基路面施工的专业性生产实习，与相关老师一起拟定实习大纲与计划安排。实习前，我还去武汉与接待单位加以落实，并涉及后勤方面的工作。我指导过施工组织计划课与道路设计课的课程设计，龚先生还与我一起指导“道路建筑”毕业设计。

在科研方面，我参与“延安东路破坏原因的调查”，并撰写了《公共交通站路面厚度设计的讨论》一文。后来，我参加龚先生主导的塑性水泥混凝土试验研究，了解到塑性水泥混凝土是将其中的骨料先用沥青（作为增塑剂）加以均匀涂覆，它具有较好的形变能力，可以用较薄层次作为高级路面或机场道面的铺砌层。那么这种结构的厚度如何来设计，我们建议用路面整体形变模量作为强度指标，而不允许路面在工作过程中产生形变累积，同时对路面的容许相对弯沉值仍用材料的弯拉相对形变加以控制（详细内容可参见发表在同济大学学报1959年05期上的论文）。1959年10月，我考取了研究生，由陈本端先生指导，从此不再进行塑性水泥混凝土方面的研究。而同时考取研究生的舒自桓由龚先生指导，他则继续进行这方面的研究工作。

以上就是我对龚先生的一些回忆。

2018年11月

纪念龚雨雷先生

吴承志

龚雨雷先生没有给我所在的班级上过课，我做研究生的时候，他已经调至学校教务处任副处长了。龚先生与我接触、往来并不多，却是我怀念一生的好老师。

（一）热心人

大学四年级开始，我常去道路教研室和道路材料试验馆（都在工程试验馆楼内）。在校期间我讲话的杭州口音较为浓重。一个偶然的机会，龚先生突然问我："小鬼（当时我才二十岁出头，又很瘦小），你是哪里人。"我急忙回答："杭州。"

"我也是杭州人。"龚先生马上接着道："杭州什么地方？"

"卖鱼桥边的新民社（医院）出生，后来住在上城区。"我答。

"我也是卖鱼桥边的。"龚先生接着说道。

两人不约而同地笑了起来。

过了一段时间，我要去广西南宁机场实习。龚先生将我拉到一边，热心地说道："我给你介绍一个人，南宁机场建设总工程师周继选。周总是我上海交通大学的同学，也是杭州人。你可以去找他，跟着他实习。"我对龚先生说了声谢谢。

周总工安排我在工地实验室实习。那段时间工程主要内容是：道基土方压实与检测；道面接缝混凝土传力梁的制作和强度检测。除此以外，还有端净空区山体石方大爆破等。

我看到的是：用压路机反复碾压后，道基表面已经发出了乌亮的反光。可是检测下来压实系数（k 值）不能达标。第二天推土机费劲地将这"乌亮"的土方道基推掉，粉碎后重新洒水碾压。我问周总工"标准压实"和"压实标准"的依据充分吗？

在工地实验室，我看到经荷载试验后的水泥混凝土破坏面几乎全都发生在砂浆及砂浆与碎石之间的界面上。也就是说，水泥混凝土的薄弱面都在"水泥砂浆"上，应该怎么去改变它呢？对此我也问过周总工。

大约过了三十年，那是 1988—1989 年间吧，青海西宁建新机场，我是总协调人。有一次在省政府会议室开协调会，散会后我送民航设计院的专家们下楼，三十年未曾谋面的机场建设技术总顾问周总工对我说："我想打听一个人。"我说："请讲，叫什么名字？"周总工说："我听说 1960 年有一个同济毕业生在青海工作。他的名字记不清了，此人曾在……实习过。"我已大体明白了，反问："听谁说的？"周总工说："我在上海交通大学的同学，后来在同济大学任教的龚雨雷先生说的。"

我说："周总工，你要打听的就是我。在南宁机场，我在您手下实习过。"

在以后的西宁机场建设过程中，周总工常常找我一起研究各种问题，如湿陷性黄土地基强夯，道面基层优化设计，端、侧净空区处理，通信，导航……直到迎来机场落成后的第一位“客人”——江泽民总书记。

又过了十多年，我已经退休了。周总工来上海约我同去考察浦东机场软土地基强夯效果。电话中同我一起谈论贵州某机场地基处理。

再后来。我去北京看望周总工，他指着恩爱美满一生的太太，温情地对我说：“我们结成夫妻，杭州老乡龚雨雷先生是介绍人。”

周总工和他的太太异口同声地说道：“你们的龚先生是位热心人呀！”

是的，说得对！五十年前，龚先生也给我“介绍了一个人”——周继选总工，让我在专业技术上得到启蒙，打了基础。龚先生确确实实是位“热心人”！

（二）善取其“中”

1958 年，道路教研组在陈本端、翁朝庆两位先生的主持下，编拟了柔性路面研究大纲。龚雨雷先生在做“塑性混凝土路面”研究。正如陈本瑞先生所说的是个路面材料问题。

当时，将水泥混凝土路面称为“刚性路面”，其余各种路面，包括沥青混凝土路面在内被统称为“柔性路面”。怎么来了个“塑性混凝土路面”呢?

是这样的：水泥混凝土破坏前的弹性模量较大，极限应变能力较小，容易开裂；各类柔性路面的弹性模量相对较小（尤其在高温条件下），但极限应变能力相对较大，容易变形。“刚”与“柔”是应变的两个相对极端，有如数轴上 A 和 B 两个端点。在 A 点和 B 点之间存在着无数个“点位”，存在着广阔的空间。刚性路面和柔性路面之间，同样存在着广泛的应变空间，这就是“塑性混凝土路面”的由来。龚先生就在研究“刚”与“柔”之间的广阔空间，将其命名为“塑性”。用沥青包裹石料，与水泥砂浆拌成“塑性混凝土”。当年，在学校大门进口不远处铺筑了一段试验路，我也参与其中。

善取其“中”是龚先生研究课题的核心。因为多种原因，该课题的研究工作未能延续下去，龚先生也走上了行政管理工作新岗位。其实，他在行政管理工作中，始终在协调方方面面的人与事，取众家之长，补众家之短。善取其“中”，为同济的教务工作打开了新局面。

2018 年 10 月

纪念尊敬的师长龚雨雷先生

徐兆和

龚雨雷先生是一位宽厚的长者，也是一位值得尊敬的师长。

我是 1979 年进入同济大学图书馆工作的。当时龚雨雷先生是同济大学图书馆副馆长，着重分管业务工作。那时几位图书馆领导已经开始关注图书馆的图书情报业务的现代化发展方向，从务虚开始，逐步筹备落实人、财、物方面的相关事宜。

我到图书馆报到后，龚先生先后和我谈了几次话。他总是和蔼可亲，以温和的口吻与人交谈，尽显长者风范，且善于引导谈话对象思考问题，逐步深入问题，以找到解决问题的方向和方法。龚先生在安排工作时，谈到当时世界上计算机在图书情报资料方面应用的现状与发展方向。当时，美国已发展应用大型计算机建立 DIALOG 系统，将 IEEE 索引等多个学科文献资料索引在计算机上建立了数据库，极大地方便了相关文献资料的管理与查阅利用。所以，他要求我尽快地熟悉和掌握图书馆业务知识，学习和了解计算机在图书情报业务方面应用的最新动态，为今后同济大学图书馆在这方面的发展工作做好相应的充足准备。

我过去学的是工民建专业，因此相关的图书馆专业知识和计算机专业知识都需从头开始学习和储备。馆里先后安排我到兄弟院校进修学习，如先后安排我到复旦大学计算机专业和上海交通大学计算机专业进修学习相关的计算机专业课程，从硬件到软件，从最基础的汇编程序代码到基础程序语言、高级编程、数据结构、结构程序设计和离散数学等。在此期间，还安排我参加了上海大学文学院图书情报专业的研修班学习。

龚先生经常到部门来走动，询问我有什么困难，有什么问题需要解决。在龚先生的协调安排下，图书馆和学校当时的电气系计算机实验室（当时实验室的计算机机型是 TQ-719）建立了联系，并安排了上机实习。后来，我又参加了学校从苏州计算机厂购置国产 DJ-130 计算机的工厂接机过程。这些学习和工作方面的安排，大大促进了我计算机业务方面的快速提升。

在学习和工作了一段时间后，大约在 1980 年年初，我向图书馆领导汇报学习工作进展。当时龚先生便提出，要我在全馆范围内做一个科普类型的讲座，目的是向大家普及介绍当时计算机在图书情报资料工作方面的应用状况与发展前景方向。

对此我做了一定的准备工作后，便拟了一份提纲，写了一叠讲稿，请龚先生审阅。先生抽空通阅了全稿，两天后，龚先生给我提出了讲稿中应注重的重点和要点，要深入浅出，要运用普及性的方式方法，通俗易懂的说法，结合图书馆的业务内容、业务管理流程，以及未来可以实际应用的前景，让大家听得明白，有兴趣，激发和引导大家关注和参与学习计算机的热情。龚先生在讲稿的多处标了记号，并提出具体的修改建议。在此基础上，我对讲稿重新整理、修改。后来，在图书馆业务学习会上，做了一场普及性的讲座，且收到不错的反响。

1981 年年初，龚先生回到同济大学道路与交通工程研究所工作。虽然离开了图书馆，但龚先生依然关心图书馆的计算机发展工作，也时常来图书馆和我闲谈工作业务及学习生活方面的情况，并给予了我很多的鼓励。龚先生和当时的图书馆领导班子，为后来图书馆计算机现代化发展工作奠定了基础。

除了在工作与学习方面给予我关心，龚先生也很注重人文关怀。龚先生很关心我的家庭和孩子的情况。我的孩子出生后，龚先生和龚夫人也到我们当时住的筒子楼来看望，让我们全家十分感激。

通过与龚先生的接触交往，让我十分敬佩先生的师长风范。先生广博的知识储备，身体力行的风范，和蔼可亲的亲善气度，都给我留下深刻的印象，使我受到教育和启迪。就我而言，龚雨雷先生是我一生中不可多得的尊师。

2018 年 11 月 18 日

为了永远的纪念

——记我心中的父亲

龚云表

我想念父亲。

岁月无情流逝，往事已经遥远，但记忆依然清晰。2017 年是父亲百岁冥寿，怀念之情刻骨镂心，曾草就一首小诗寄托思绪：

遥寄寸心系思念，何处家山慰乡恋。
平生风义才高淼，半世孤寂意阑珊。
有负深恩愧难安，岂敢稍怠悔流年。
相逢莫惊儿亦老，梦里雨声和泪咽。

短短几行诗句，并不足以表达自己对父亲的思念，也未能稍解自己的心绪。2018 年清明时节，我照例携儿孙辈一起前往祭奠父亲，又一次与他们叙旧，三代人都深感父亲的人格力量和道义情怀，这是留给我们后代无比宝贵的精神遗产。现在有机会付诸文字，记述我心中的父亲，理当十分珍惜，然一旦动笔，文字总显得苍白，笔端更感到沉重，不知能否达到表述父亲的形象应有的高度和深度。

（一）

父亲1917年10月19日（农历丁巳年九月初四）出生于杭州，祖籍浙江鄞县西乡吴龚村。大约在清末民国初，我的高祖即离开故土，到杭州经商，历经三代。到父亲这一代，开始定居上海，弃商从学，进入知识界，随着时代的进程，走出一条迥异于祖先的人生道路，也因此彻底改变了我们这些后代的命运。

按学界（许纪霖）对20世纪知识分子的划分，父亲当属于1910年至1930年间出生的“后五四”一代。这一代知识分子，在求学时期接受了“五四”以后新知识和新文化完整的学习和熏陶，形成了“科学救国”的理想。但是在崭露头角之时，即遭逢民族危亡的十四年抗战和战火纷飞的三年内战；而在新中国成立后似可大有作为之际，却又进入了一个政治运动频仍的时期。直至“文化大革命”结束，教学、研究环境开始宽松，各种条件逐渐成熟，虽想挽回失去的大好时光，大干一番，却已接近退休年龄，只得勉力而为，尽可能多的有所建树，为社会做出贡献。这是时代的宿命，是父亲这一代知识分子无力改变的现实。

1937年夏，父亲自浙江省立杭州高级中学毕业，报考高校，以优异成绩被浙江大学和上海交通大学同时录取。父亲是家中独子，当时他的祖父母和父母亲都在杭州，所以就近选择在浙江大学土木系就读。不料当年抗战爆发，“七七事变”不久，日寇侵犯上海，历经三个月“八一三”淞沪战争，上海进入“孤岛”时期。到1937年11

月，日寇进逼杭州，时局骤变，百姓纷纷逃难，浙大决定西迁。当时，我祖父的妻舅吴荣庆在上海法租界香山路开设有一家化妆品厂，经他多方设法，侥幸租借到一间住房，父亲便携带一大家子来到上海，在法租界栖居。恰值此时上海交通大学决定内迁后，另外还在法租界成立沪校。由于父亲在交大仍保留着学籍，得以从浙大转学至交大沪校，继续学业，且学习成绩始终在全系名列前茅。1942 年夏，在太平洋战争全面爆发、上海全部沦陷后不久，父亲完成了四年的大学学业，从上海交大土木系毕业。今天很难想象，在民族灾难深重、家国危殆的战乱时期，父亲一边尽心竭力维护着一个大家庭的生活，一边又能出色地完成学业，其间付出了多少异乎寻常的心力和艰辛。

抗战胜利后的 1946 年秋，父亲回到母校上海交通大学任教，自此开始了他在高校长达四十年的教学生涯。在我儿时记忆中，多是父亲繁忙的身影。在家时，父亲坐在短凳上，将刚出生的大女儿敦敦抱在左膝，右膝上放着一本教材。一边烧饭、一边看教材也是我常见的情景，这些都体现了父亲在艰苦条件下的紧张忙碌和惊人的自适能力。有段时间，父亲还在大同大学兼课，经常是刚在交大上完课，便又夹着讲义，步履匆匆赶到南车站路大同大学上课。解放前夕，国民党政权风雨飘摇，父亲表现出鲜明的民主进步倾向。那段时间父亲经常带领学生在工程试验馆做实验，馆里一位姓袁的工友是地下党员，担任交大护校纠察队长，解放后成为交大保卫科长，与父亲关系密切，友谊深厚。我读小学时，放学后经常在校园里疯玩。父亲的大表弟吴铭芳当时在交大化学系就读，住在西斋学生宿舍，离我家很近，有一两年时间都在我家吃饭。在我父亲的影响下，他思想进步，1951 年毕业后，虽出身资本家，仍被破格选派赴苏联留学深造，直到晚年，他还念念不忘当年父亲对他的关心和扶助。

1952年，全国高校院系调整，父亲与交大土木系教师一起被调到同济大学，迎来他一生中难得的近十年较为稳定有序的工作时光。同济大学原本是包含理、工、医、法、文的综合性大学，但在学习苏联后的院系调整中，变成土木建筑类单学科大学。当时的教材多从苏联引进，为教学计，在高校教师中掀起一股学习俄文的热潮，父亲很快进入状态，挤出时间投入学习，在短时间内掌握了这门新外语，并且立即学以致用，与杨佩昆、罗孝登、苏荣阁等先生合作翻译了两卷本《城市道路设计》，并由高等教育出版社出版，作为高等学校教材。那时，我刚进同济中学念初中，几乎每天吃过晚饭，父亲在书桌上伏案翻译，我在另一张桌上做功课，到了十点钟，中央人民广播电台有一档外国古典音乐节目，父亲便会打开收音机，在音乐的陪伴下熬夜抓紧翻译。《城市道路设计》一书由钱钟毅教授审校，当时他就住在我家楼下，他喜欢养鸽，在屋外搭建了一个鸽棚，让我做他的小助手，父亲的译稿也间或由我下楼送去，我也因此知道，那时钱先生也正和周念先、胡匡璋先生在合译另一本苏联教材《开启桥设计》。

父亲除教学和编译教材外，还参与了上海人民大道和昆明机场等多项大型工程的设计。“文化大革命”后期，父亲在同济大学图书馆工作。有一次我去上海图书馆查阅资料，恰巧父亲也去开会，会后父亲让我陪着他一起散步。我们从南京路拐到黄陂北路，来到人民广场。父亲告诉我，当年他作为主要设计人员，在20世纪50年代曾参与了广场人民大道工程的设计施工。在很长一段时间里，人民大道一直是上海城市建设中一条标志性道路。父亲故地重游，抚今追昔，自当别有一番滋味在心头。

（二）

父亲和他那一代的知识分子一样，除了学有所长，在专业上造诣深厚，且大都具有很高的文化素养和学识，富有审美情趣，在其他领域涉猎广泛，成为跨界通才。杭州老家的一个大书橱中，曾留存着父亲学生时代阅读的书籍：自然科学类几乎全是英文原版书，社会科学类有一大堆邹韬奋主编的《生活》周刊、储安平主编的《观察》杂志、柯灵主编的《万象》杂志、《良友》画报等。文史类则有石印本《子史精华》《幼学琼林》《曾文正公尺牍》等古籍，以及“五四”新文化运动作家鲁迅、胡适、叶圣陶、丰子恺、巴金、周瘦鹃等的著作，后一类书也成了我少年时代的文学启蒙读物。

大学时代的父亲，风华正茂，兴趣广泛，是运动场上的健将，也是学校话剧团的成员，与当年上海由黄佐临创建的苦干剧团石挥、黄宗江、乔奇等许多演员时相过从。“文化大革命”结束后，一些老演

百米赛亚军

交大水土篮球队
（前排左起：龚雨雷、徐芝纶；后排左四：钱钟毅）

员复出，重新活跃在话剧舞台上。有一次，父亲指着电视里出现的乔奇、孙景璐说："当年，我有段时间经常到剧团教他们英语。"

父亲酷爱西方古典音乐。我在杭州老家就曾见到许多父亲从中学时代起陆续收藏的巴赫、贝多芬、莫扎特等欧洲古典音乐大师的黑胶唱片。1949 年以前，上海工部局公共乐团（上海交响乐团前身）是当时中国唯一的一家交响乐团，父亲是这个乐团的热心听众。1973 年，美国总统尼克松访华后，中美关系开始解冻，费城交响乐团来华，有一场在上海市府大礼堂的演出。父亲得知后很是兴奋，打电话让我搞票，我煞费周折，终于使父亲在睽隔多年后，能在现场欣赏到一场著名西方乐团的精彩演出，想必这给了父亲莫大的慰藉。

在父亲那一代高校教师中，业余爱好桥牌蔚然成风，父亲是其中的佼佼者。记得我念小学时，还见到过父亲订阅的美国出版的 *BRIDGE* 杂志。在 20 世纪 50 年代的某一年，父亲与钱钟毅教授曾经联手荣膺全国高校桥牌赛冠军。我少年时经常跟随父亲在打桥牌现场观看，渐得其门而入，还学会了用英语叫牌，1956 年我参加上海中学生夏令营，也在桥牌赛中获得冠军，父亲见到我的奖状，高兴地说："有其父必有其子。"彼时情景，宛如眼前。可惜随着越来越频繁的政治运动，父亲和牌友们的牌局越来越少，无形之中就完全停止了。

20 世纪 50 年代，父亲订阅了面向知识界的《新观察》《展望》等杂志，忙里偷闲地阅读了爱伦堡、尼古拉耶娃等苏联作家"解冻时期"的文学作品。也正是在此期间，父亲读到了美国记者安娜·路易·斯特朗的《斯大林时代》，书中对曾经奉为国际共产主义运动领袖的斯大林所作的"一分为二"的公允评价，给父亲留下深刻印象。

（三）

父亲极重师道。在大学期间父亲受业于杨培琫教授，亲炙教诲，深得业师器重，视为得意门生。父亲毕业后，曾在上海工务局工作，适逢杨老在工务局兼任高级顾问，经他大力推荐，父亲得以回到母校担任教职。父亲作为恩师的助教，认真尽职，更不忘感恩，时时侍奉左右。解放初期，杨老年事已高，深居简出，父亲经常到广元路杨宅，趋前问候起居，热心帮助老师解决生活上的困难。每到学校发薪之日，父亲就为老师代领薪俸，亲自登门送达。有几次父亲临时有事，曾让我代为递交，并附上一封书简，以示歉意。

父亲的另一位老师是陈本端教授，虽在父亲大学时期未直接受其教导，但父亲仍将之视为导师，并且作为陈老的主要助手长期共事过。在陈老担任同济大学道路教研室和路桥系主任期间，父亲均为副主任，协助陈老开展工作，亦师亦友，有着极为亲密的工作关系和私人情谊。陈老的长子陈在春，当时因患肺结核病休在家，独自住在同字楼一个小套间里，他喜爱京剧，拉得一手好京胡，父亲从学校回家，常顺路去看望他，嘘寒问暖。有次还让我送去为他借的《京剧大戏考》《梅兰芳舞台生涯四十年》等书。陈老的次子陈在晨与我同在同济中学上学，我念初中，他已是高中，平时经常一起沿着四平路走到学校，谈话中常提及陈老对父亲为人处事的肯定和赞扬。

父亲与朋友交往也极重情义。记得父亲交大同窗好友唐敏晃在校时就是地下党员，解放后在市政府某部门被委以重任，家住建国西路一幢洋楼里，与交大相距不远，我儿时经常跟着父亲去他家玩。“三反”“五反”时，唐先生无端遭到打击，精神几近崩溃，父亲几次三番上门耐心劝慰，动之以情，终于避免了一场悲剧的发生。后唐先生上调北京建工部，开始新的事业。父亲另一位大学好友蔡东山，家事纷繁，母亲与媳妇关系紧张，父亲就陪着蔡先生的母亲到杭州我祖父家，住了两三年之久。蔡先生参加“两航起义”，后担任北京机场总工程师，“文化大革命”中被错划为历史反革命。“文化大革命”后期，形势稍有松动，父亲惦念老友境况，嘱我到四川北路柳林里蔡家去打探消息，知道蔡先生已被“解放”，才放下心来。父亲在同济大学主事路桥系时期，有一位年轻助手吴晋伟先生，工作能力和业务水平出众，只因解放前在学校集体参加了某个“外围组织”，被作为所谓“内控人员”而事事受掣。但是父亲非但对他给予充分信任，没有丝毫歧视，还在业务上加以提携，共同研究一些课题，合作发表了数篇论文。那时他经常来我家，与父亲探讨切磋，对父亲十分敬重感佩。

1957 年我初中毕业，离开上海，到杭州祖父身边继续学业。临行时，父亲送我一把德国制的计算尺，语重心长地说：“好好念书，要努力做个对国家有用的人才。”父亲知道我喜欢艺术，却希望我朝工科方向发展，而把艺术作为业余爱好。父亲的谆谆教诲，让我受用一生。大概一年后，父亲作为领队，带领同济大学部分教工到杭州屏风山疗养院疗养，我到火车站迎接。父亲见到我非常高兴，并惊讶我一年多时间身高的变化。几天后，父亲到湖墅老屋探望祖父，父子俩难得有机会促膝谈心，父亲恳挚谦和，祖父情深意切，逼仄的老屋，弥漫着浓浓的血缘亲情。在我的记忆中，这是他们最后一次相见。其后世事纷繁，打击不断，父亲忍辱负重，内心刚毅坚强的一面更加突出，而将温情深埋于心，轻易不敢触碰。

祖孙三代合影（1957 年）

（四）

父亲作为 1942 年上海交大土木系毕业的高材生，新中国成立初期道路工程教科书的翻译者，上海人民大道和昆明机场等大型工程项目的主要设计人员；作为有着丰富教学经验、多年参与主持同济大学道路教研室和路桥系工作的学术担当和教学分量；以及早在 1946 年担任助教、1948 年升为讲师、1956 年就被评定为副教授职称，并在 1960 年从副系主任擢升为学校教务处副处长的资深教学、教务经历，竟然在三十年间未被升迁，这确是一件让后人无法理解的咄咄怪事。现在想来，其间固然有错综复杂的人事纠葛，抑或其他因素，但最根本的原因仍是时代所使然。多年以往，父亲在我面前从未谈及“职称”之类名利场上的事，我一直以为父亲早就是实至名归的正教授，直至父亲去世，在讣告上赫然见到“副教授”字样，使我为之一惊。但是说到底，教授与否并不重要，将浮名视为草芥是知识分子应有的风骨。在我心中，完全无须为父亲正名，甚至也无意为父亲抱屈，而自有父亲超越名位的崇高地位。

在父亲晚年，政治气氛日渐宽松，改革开放的大势已趋明朗，父亲的心情显得舒畅达观。我前往同济看望父亲，每次谈话，总有谈不完的话题。但我们几乎不谈身边琐事，父亲最关心的还是国际形势与国家大事，对极“左”一套深恶痛绝，对初兴的改革开放充满期待，对中国的未来持有乐观的心态。那时，父亲已从同济图书馆调到道路与交通工程研究所，重返专业，正情绪饱满地投入工作。有一次，我惊奇地见到父亲竟在复习《高等数学》，书桌上堆放着许多道路工程方面的书籍资料。父亲笑道：“扔掉多少年了，现在又能参与业务工作，重新捡起来，补补课，会有用的。”父亲离开路桥系转向教务工作起，已有近二十年脱离专业，但是一旦回归，父亲的壮心犹存，认真专注的工作精神仍然一以贯之，让我肃然起敬。

1986 年 5 月末的一天，我去看望父亲。那天父亲的兴致很高。日前他刚应邀出席了上海交通大学九十周年校庆。父亲说：“按照入学年资，我被安排坐在第七排，在我前面还有那么多老师、学长，一起把手叙旧，真是难得。”欣喜之情，溢于言表。我问：“大会是在原先的新文治堂举行的？”父亲说：“是在新建的礼堂，很有气派的。我在校园转了一圈，新中院、校长楼还在。”父亲说的新中院、校长楼是当年我家在上海交大住过的地方。接着父亲又谈到曾经相邻而居的纪增爵、夏坚白、王之卓、詹道江等老朋友，谈到在上海交大发生的一些故事。父亲情绪之好，谈锋之健，在精神上，完全看不出是个沉疴多年的病人。但是无论如何没有想到，这竟是我最后一次见到父亲！

时代决定命运。以父亲的人格和才华，如果给父亲一个和谐开放、清明包容的时代，提供一个驰骋理想和追寻人生价值的广阔空间，必定能在所从事的专业上充分施展经世抱负，成就卓有建树的业绩，发挥无可替代的作用。我想，父亲的内心一定是寂寞而痛楚的。这也是父亲那一代知识分子的普遍心境，他们在工作和事业的道路上殚精竭虑，默默耕耘，举步维艰，付出了令人难以想象的代价，在他们身后留下了一串清晰坚实的足迹，见证了他们的艰辛和劳绩，更显现了值得我们后辈肃然崇敬的无上尊严。

本文是我以情感和记忆为主导的一次并不完善的个人书写，借此表达我由衷的心愿：记取父亲的人生意义和心路历程，接续父亲的理想情怀和高尚品格，珍惜父亲宝贵的精神遗产，这应是我和我的后辈代代相传的对父亲最好的、永远的纪念。

2018 年 11 月

无尽的思念

龚敦敦

（一）父爱伴我成长

从小就觉得父亲工作很忙，白天上班，晚上坐在书桌前备课。记得我小学一年级时，有一天晚饭后，没吭声，便和几个小朋友到同济大学“一·二九”礼堂去看文艺演出，活动结束后，我急急忙忙地往家走，快到同济新村门口，只见一个熟悉而高大的身影站在寒风里，“爸爸”，我心里一愣，一股暖流涌上心头……父亲看到我，上来拉着我的手往家走。此刻，家里人都睡了，爸爸没说我，催我快睡吧，他却又开始工作了。我可怎么也睡不着，感受到温暖的父爱，也深感内疚，懂得了不要给他人添麻烦。

初中毕业，我考上了上海交大附中，父亲很开心。第一次离开家，父亲帮我整理东西，写下注意事项，教我如何乘公交车，嘱咐我要努力学习，和同学友好相处，并送我到学校去报到。学校看我个头高，学习成绩也不错，要安排我到校篮球队打球，回家一说，父亲积极支持，要求我做个全面发展的好学生。在校期间，碰到天气突变、降温，父亲总是及时帮我送衣服到学校，短短几分钟就走了，望着他的背影，心里有说不出的温暖。周六，由于篮球队要训练，到家就较晚，父亲总是等我吃晚饭，边吃饭，边问及一些事，交流一下，只言片语，使我受益匪浅。

记得“大串联”回沪，到家已是深夜一点多了，怕吵醒家人，我在楼梯上等到天明才回家。父亲见到我，很高兴地说，“回来了，你长大了，回家不用这样，家里随时随地可以进来……”，我又一次深深地感到父爱和家的温暖。

1969 年底，我和弟弟要到安徽农村去插队了，父亲不顾白天繁重劳动后的疲惫，回家帮我们整理行装，每一个细小的环节都不放过，告诫我，“再艰苦的环境，只要别人能坚持，你们就应该行，照顾好弟弟，多给家里来信……”临行，父亲带着家人，到老北站送我们去安徽。火车开了，我看着父亲和家人，眼泪含在眼眶内，心里充满信心，不管前面的路如何，只要爸爸在，家在，就没有克服不了的困难。在农村期间，每周都能收到父亲的来信，事无巨细地提醒；只要有人来，总是带吃的、穿的给我们，有了父亲和家里的支持，使我们能安心在农村接受再教育。可惜多次的搬家，这些宝贵的信件已经找不到了，只留下深深的遗憾。

（二）言传身教，学无止境

到农村的第三年，我被公社抽调到中学当民办教师，教数学。对此我有些胆怯。暑假回沪，父亲与我谈了很久，告诉我：“作为学生只要会‘1+1=2’，而作为教师就必须要搞清为什么‘1+1=2’的道理，讲清楚‘之所以然’。你是高中生，基础知识远远不够的，不能误人子弟啊。但是，不要紧，只要自己肯努力，通过自学是可以做好的。”并给我讲了自己因教学需要，自学俄语的经历。短短的一席话，指明了我前进的方向。从此，我走上了自学的道路，在我十五年的教学生涯中，都会不间断地、认真地自学，为了上好课，我不断充实各种知识，扩大知识面。因而，我无论是上基础课，还是专业课，都受到学生的欢迎和好评。

父亲不仅言教，而且对自己的要求更严格，好学进取，渴望学习新知识。记得我们小时候，父亲为了学习汉语拼音，三妹（龚乐）上小学，正好在学拼音，父亲就向她学习。20 世纪 80 年代初，父亲调回系里时，我正跟着电视大学学习“概率论”，父亲知道后，说这没学过，也许对今后工作会有用的，也看电视课程，并通过书信交流，与我共同学习。学期结束，我还多要了一份考卷，试试父亲的学习效果，结果还挺不错的。那年父亲已 66 岁了。

在父亲的关心和教育下，我们工作之余，抓紧时间，把所有的精力都花在补习文化知识上，通过专业的或业余的学习，我们兄弟姐妹都完成了大专学业，拿到毕业文凭，有的还研究生毕业，拿到硕士学位，这在我们这代人中是不容易的。

家庭浓厚的学习氛围也直接影响了第三代。那时 3 岁的小外孙女（楼中）住在家里，为方便大家学习英语，电视台正播放《跟我学》节目。于是，每天父亲除了早晚接送她，到点就打开电视机，让她跟着学，从小培养她的学习兴趣。如今，楼中事业有成，精通两国语言，与我父亲从小对她的影响是分不开的。多年后，她折了许多千纸鹤，放在我父亲的墓前，带去了对外公深深的敬重和无限的思念。

（三）坚定信念　自强不息

1984 年，我考上北方交通大学时，已经 35 岁了。许多人议论，说我“八十岁还学吹打，迟了，没必要”。到学校报到后，我还担任了学生会的干部。父亲鼓励我要刻苦学习，把失去的时间补回来。此时父亲已恢复了党籍，不仅自己信念坚定，而且对我们在政治上同样有要求，父亲来信对我说，“人要有信念，生活要有目标”，鼓励我积极争取入党。得知我在学校入党后，又来信提醒我，要不骄不躁，用更高的标准要求自己。

我经历了千辛万苦，从蚌埠调到嘉兴工作，这让我十分兴奋。此时，父亲在我耳边轻轻地说：“凡事悠着点，慢慢来，不要乐极生悲。”警钟又一次在耳边敲响，我仔细地、低调地处理好各方面的事情，愉快地走上了新的工作岗位。

当我遇到挫折时，是父亲告诫我，人要能上能下，没有过不去的坎，大气些，一切都会过去的，要有自己的底线，不要做对不起他人的事，要相信自己，不要自己打垮自己。一席话，犹如拨开迷雾见晴天，使我调整好心态，重新认识，开始新的生活。

在我人生的道路上，父亲不断鼓舞我前进，要做一个对社会有用的人，遇到困难，给我打气，鼓励我自强不息。

（四）善待他人　尊老爱幼

小时候，爷爷从杭州来上海，那时家里有保姆，可父亲每天早上，总是亲自为他倒痰盂，关注爷爷的起居生活。

父亲会从百忙之中，抽出星期天的时间，带我们几个到浦东川沙乡下去看外婆。那时，外婆家离火车站要走六里路，一路上父亲给我们讲故事，并告诉我们，外婆从小把你们带大，要经常去看看她老人家。

1968年，小表弟（陈理）才两岁，住在我们家。父亲每天回来，都不会忘记给他带一小包“弹子糖”。

我的高中同学，由于当年分配都分布在祖国各地，他们回沪后，即使我不在家，他们都会去看望我父亲，愿意与我父亲交流，谈谈国家大事，说说心里话，父亲也很高兴与他们聊天，没有架子，没有界限，像朋友一样随意、和谐……直到今天，过去了半个多世纪，同学聚会时，他们仍会提起我的父亲，“一个多么慈祥的老人……”，羡慕我有这么好的父亲。

我从十六岁起离开家，走上求学之路，如今也到了古稀之年。父亲像一盏明灯，照亮了我一生的路，无论是在学校、在农村，还是在各种工作岗位上；无论是顺境，还是逆境，他那高大的身影，无时无刻地涌现在我的眼前，他那谆谆教导，时时回响在我的耳边，给我指出了方向。

父亲龚雨雷，是一个普通的中共党员，一个平凡的教师。但是，父亲服从需要，毫无怨言，在各个工作岗位上，认认真真、勤勤恳恳、兢兢业业，自强不息地做好本职工作。父亲为人正派、宽宏大度、平等待人，他教会我们坚强和善良，给我们留下了宝贵的精神财富。我们兄妹几个，依靠自己的努力奋斗，自食其力，现在生活得都不错，也可告慰父亲的在天之灵。

感恩父母给了我生命，伴随着父亲的爱成长，父亲永远和我在一起。

2018 年 11 月

怀念我敬爱的爸爸龚雨雷

龚汇汇

爸爸离开我们已有三十二个年头了，然而爸爸慈祥的面容，高大的身影一直浮现在我们眼前；他亲切的话语，坚定的信念，一直回荡在我们的耳边。爸爸孜孜不倦的好学劲头，严谨负责的工作态度和对我们无微不至的关怀教育，使我们从内心对爸爸无比崇敬和爱戴。

从我记事开始，就知道爸爸除了去学校上班，回家就是伏案疾书。懂事后，知道爸爸是在学习专业知识、外语，阅读各类书籍；在备课，写讲义；在为领导写发言稿等。不管炎热的夏天，还是寒冷的冬天，差不多每天都要学习工作到深夜才睡觉。记得某个夏天的晚上，爸爸写完讲义稿已很晚了，但他觉得自己的字迹太潦草，生怕同事看不清，又坚持抄了一遍，直至凌晨三点多。爸爸这种勤奋而又一丝不苟的学习和工作态度，深深感染和教育着我们，因此我们兄弟姐妹都能比较自觉地学习。

爸爸也是我们读书学习的第一任老师，我们学习上遇到难题，他给我们解答，总让我们有一种豁然开朗的感受。有一次我写作文，叙述一件事情的过程有些曲折，我写了很长一段话，都不能将事情表达清楚。爸爸下班回来，我马上拿着作文稿去求教。爸爸不顾劳累，看了看对我说："你要学会运用连词、介词和副词，使句子简单明了，比如你可用'尽管你用了最大努力，然而还是没有成功'，这句话中的'尽管……然而……'就表示了转折关系。"他还给我列举了"虽然……但是……""即使"等连词。这么多年过去了，这件事让我受益匪浅，一直铭记在心。

1959 年父母合影

"文化大革命"十年，我们家有四个孩子到农村去插队落户或去农场。"文化大革命"结束，恢复高考后，爸爸鼓励我们，一定要补上"文化大革命"失去的时间。他帮我们找资料，借参考书，要求我们在工作劳动之余挤时间补习功课；我们晚上要上课，爸

1970 年于浦东公园

爸帮我们去托儿所接送孩子。在爸爸的勉励和支持下，我们兄弟姐妹全部考上大学，有的还读完了研究生课程，取得硕士学位，这给我们后来的工作和生活都带来了极大的益处。

爸爸为人正直，一身正气，敢于直言。1959 年和 1962 年爸爸在党内会议上，对“左倾”路线发表了不同意见，并因为他在路桥系和教务处担任领导职务等因素，因此遭到不公正对待。1970 年 7 月，爸爸被开除党籍，他悲痛不已。

党的十一届三中全会以后，爸爸的冤案得到了平反，他无比欣慰，完全把自己的病痛置于脑后，全身心地扑在工作上。他对我说：“现在是为党做些工作的时候了。”

1981 年，爸爸调回道交系交通工程研究室工作，他自感脱离教学岗位多年，知识已跟不上时代要求，不顾自己年高体弱的现实，努力学习新知识，观看电视教学，阅读文献资料，同时运用已有知识勤奋工作，仅用一年时间完成英文资料译校十五万字。在他离世前的两三年中，他协同周商吾、徐慰慈、杨佩昆等老师研究并主审了交通工程学科的一本入门教材《交通工程》，爸爸专心致志审阅这本书的情景至今仍历历在目。

爸爸出生在一个非劳动人民家庭，但是他从 1955 年加入中国共产党之后，跟党走的信念就从未动摇过，而且是尽心尽力为党为教育事业努力奋斗着。1986 年 5 月底，爸爸因病重住进医院，我们几个孩子轮流去医院看望和照顾他。1986 年 7 月 1 日上午，爸爸输完液，沉思着对我说：“汇汇，等以后有机会你转告毛经权叔叔（毛经权是我爸的入党介绍人），‘我感谢党对我的培养，尤其感谢毛经权同志把我领进党的大门’。”当时，我没有想到两天后爸爸就永远离开了

全家三代合影（1986 年 5 月 25 日）

我们。当时，我一面安慰他，一面说："是不是我现在就去告诉毛叔叔，或许还能见上一面。"爸爸摇了摇头，我理解爸爸，含泪点了点头。爸爸去世后不久，我给时任上海市统战部部长的毛经权叔叔写了信，转达了爸爸的遗愿，并将信亲手交给了毛经权叔叔的秘书沈晓玲同志。在爸爸的追悼会上，毛经权叔叔送了悼念花圈。

爸爸给我们子女留下了极其宝贵的精神财富，爸爸已经离开我们三十多年了，但爸爸的遗像一直挂在家里，思念之情直达心底。今天，我要诚挚地感谢杨佩昆、姚祖康两位已年过八十的老师，收集资料撰文纪念我父亲的一生，感人之深，难以言表。我谨以鞠躬叩谢，告慰父亲的在天之灵。

2018 年 11 月 3 日

深深父女情

——忆我的爸爸龚雨雷

龚　乐

爸爸已经走了三十二年了，但岁月冲洗不掉我们对爸爸深深的怀念之情，带不走我们对爸爸深深的敬仰之心。三十二年来，爸爸的音容笑貌、身姿背影，仿佛就在眼前，对爸爸的记忆依然清晰，从来没模糊过。

作为他的女儿（就是杨佩昆先生《龚雨雷先生业绩》一文中写道的“小六子”），我在思念中寻找，与爸爸相处的点点滴滴，爸爸是那么高大又那么和蔼、慈祥，充满着无限的幸福；寻找爸爸给我一生留下的无价精神财富。

小时候，只知道爸爸抱病工作，他很忙，很辛劳。在患上肝病前，就患有严重的胃病，人很消瘦，几乎每天到家就要大声呕吐一次，吓得我听到呕吐声就用被子盖住头，双手捂住耳朵。

也许我年纪小，爸爸对我疼爱有加。1961 年 9 月，我上小学一年级，爸爸就对我说：“要像海绵吸水一样，努力、勤奋地学习知识，只要是上课没听懂，没明白的都可以来问我。”我在学习上无论遇到什么难题都会请教爸爸，他每次都用通俗易懂、由浅入深的语言，结合儿童故事《小猫钓鱼》《小红帽》《狼来了》等为我解惑。每次我都收获满满，为提高学习成绩打下了良好的基础。

小学二年级，语文课开始学写连词、造句、作文。爸爸鼓励我每天记日记，隔几天就帮我审阅，并指导我说，写日记不是记流水账，要有自己的想法，要把自己认为有意义的人、事、物结合起来写，以此提升写作能力。少时记日记的习惯延续至今，也让我终身受益。

小学三年级，爸爸对我说：“你来教我学汉语拼音。”因为从1958年秋季开始，汉语拼音作为小学生必修的课程进入全国小学的课堂。爸爸不会，也没学过。我说：“为什么别的小朋友家长不学？”爸爸说：“我的工作需要学习拼音，拼音主要用于汉语普通话读音的标准，作为汉字的一种普通话音标，是辅助汉字读音的工具。我的普通话不标准，上课、开会、发言带有沪语口音，影响到工作质量，你做我的小老师，我会用心学习。”天真、单纯的我根本不知道爸爸每次挤出宝贵的时间，跟我从声母23个、韵母24个学起。爸爸孜孜以求的学习态度让我终生难忘。

爸爸热爱家庭，关爱儿女，尽管我成长在政治动乱的年代，但父爱像一座山给我坚实的依靠。

1966年“文化大革命”开始，爸爸遭到了迫害。家中的住房从原来住的村二楼一套房，搬至村四楼住三个房间（$13\ m^2+10\ m^2+9\ m^2$），和另一家合用卫生间、厨房。我清楚地记得，搬家那天，爸爸骑着黄鱼车，带着我们中最大17岁、最小11岁的子女，一车一车地骑着、推着……爸爸像木匠，用旧的木棍、木板紧靠煤气灶矮橱，后边靠墙，左右两边高低一致做了三层的木架子，摆放锅、盆等物，小碗橱吊在墙上。房间窗外再用木条、铅丝做了简易的晒衣架。我们惊讶，爸爸有木工手艺，却没有木工专用工具，用榔头、老虎钳、锯条做成了实用的“组合架”。爸爸自制的木架子、晒衣架等一直陪伴我们至 1978 年恢复独门独户住房。

1969 年，我跟随学校去了南汇新场大队下属生产小队学农劳动。国庆节放假回家休息时，我患上病毒性感冒，连续几天高烧不退，不能在节后跟随班级集体返回，经老师批准等我病愈再返回。当年，我只有 15 岁，一人返回郊区谈何容易。爸爸为我画了线路图，告诉我，从同济大学乘 55 路公交车至终点站到十六铺，乘摆渡船去浦东，再转乘郊区线至南汇新场镇下车（生产队离镇步行 20 分钟），他千叮咛万嘱咐，到了新场镇把事先写好的平安信寄回，以报安全。

1970 年秋，一个阴天的清晨，我和妈妈、二姐帮爸爸拿着被子、旅行袋来到同济大学胜利楼旁的汽车间，目送爸爸独自一人跟随装运物资的汽车去安徽五七干校参加劳动（也不知何原因，大部队出发时明确过爸爸身体欠佳，可以不去干校，隔了几天，又通知要去）。当时，我们都流下了眼泪，说不出话来。爸爸平静地说：“放心吧，我会照顾自己的。”大姐和哥哥在 1969 年已去了安徽插队落户，得此消息，也

我与爸爸的合影（1970 年）

极担心爸爸的身体状况。只过了两星期，爸爸肝病复发，因怕影响他人，被返送回家住院治疗。

1971 年元旦后，我曾对爸爸说，借邻居家的自行车学会骑车了，但不敢到同济新村外的马路上去骑，害怕汽车和人流。就在春节年初三下午，爸爸说，带你去骑车锻炼，提高车技。我们用借来的自行车，一人一辆骑着从家中出发，骑上当时最高最陡的四川路桥，再沿着当时不分快慢车道的四川路骑行。在熙熙攘攘的人群旁，爸爸在前，我在后面，着实体验了一回骑车的乐趣。一星期后，又骑车去了郊区江湾镇，经过小马路，弹格路，小河边……之后，爸爸总结说，选择春节骑车去四川路桥、四川路，是在闹市中熟悉环境，选择骑车去郊区江湾镇，可以经历各种各样的路况，对锻炼、提高你的车技起到很重要的作用。在那个年代，爸爸对我的关爱深深根植于我的脑海之中。

1972 年 2 月，我去了郊区农场务农。两年后，被选上做了连队会计，同年 5 月参加了上海市农场局在复旦大学举办的财务人员培训班，虽然离家较近，但是寄宿制，一周回家一次。有一天，我找了个理由请假回家看望爸爸，爸爸见到我，语重心长地说："你要珍惜难得的上海培训机会，你做了会计工作，就要遵守职业道德，树立良好的职业品质，努力钻研业务，严谨工作作风，严守工作纪律。"爸爸的话对我影响至深。在农场担任 6 年会计工作返回上海后，我继续从事会计工作直至退休，35 年会计工作无差错。走入社会后，我终于明白爸爸当年对我品行的培养及教诲，获益良多。

20 世纪 60 年代，爸爸患上肝病后，医生说是急性转为慢性，传染别人的概率基本没有。为了我们儿女的健康，爸爸吃饭坚持用公筷及一大一小的搪瓷碗，餐后自己洗净，放入毛巾做的碗袋中。就连上厕所使用马桶，总是将木质马桶盖掀起，自己坐在冰凉的马桶上。为了我们，坚持了 26 年，一直到去世。

爸爸热爱生活，尊敬老人，为人谦和。我的外婆身形娇小，裹着小脚，她不识字，但善良淳朴。我们小时候，外婆经常从川沙农村来照顾我们，帮助做家务，做针线等。爸爸尽管工作繁忙，但经常教育我们说，外婆年纪大了，你们要尊敬她，要帮忙做些力所能及的家务，如扫地、倒垃圾。外婆常常当我们面说，你们爸爸是好人，从来不打骂你们，总是讲道理，你们最开心！记得我 9 岁时，外婆在川沙家中病了。爸爸带着我去看望外婆。那时，交通不发达，乘了公交车到庆宁寺摆渡，再乘小火车到川沙，下车后还要走六里路。走在泥泞小路上，走过田埂、小河，走一段休息一会。途中，问了几次村民，都说还有六里路，我对爸爸说，走了这么多路怎么还有六里路？实在走不动了，任凭爸爸怎么做思想工作，我就是不肯走。无奈，爸爸背着我走到外婆家，累得他汗流浃背，但没有一句怨言。外婆则用当时稀罕的红烧肉来招待我们。

在我心目中，爸爸生活简朴，不抽烟（患上肝病就戒烟了）、不喝酒，勤俭节约，这些我至今记忆犹新，且终身受用。要上小学了，爸爸给了我姐姐用过的书包和铅笔盒，并对我说，只要可以用就不要浪费。虽然当时不能理解为什么，但其中的不要浪费，我有悟到。到三年级旧铅笔盒坏了才给我买了一个新的，这个从小学三年级开始使用的铁皮铅笔盒，带到过农场，陪伴着我的学习、工作，我保留至今。

有一天，爸爸叫我去同济新村门口的商店购买玉露水蜜桃，叮咛要买 0.16 元 / 斤的。回家后，我问道："为什么不买 0.22 元 / 斤的?"他说，只要是玉露水蜜桃，虽然小一些，味道是一样的，价格却有区别了，勤俭节约不丢人。在生活中，爸爸经常用他的聪明才智和独创能力修理家中损坏的物件，做到物尽其用。

"文化大革命"中，爸爸脚上长了骨刺，不能穿皮鞋（有硬度）也不能穿塑料底鞋（有滑度）上班，劳动时就穿解放军跑鞋。在农场务农时，我学会了为爸爸做布底松紧鞋，一针针一线线凝集了父女之间的感情。1979 年，按政策我返回上海，白天除了工作，每晚要去夜校学习文化知识，抽不出时间给爸爸做鞋了，就买了一双布底松紧鞋给爸爸。他不舍得穿，只是在拍全家照、聚餐时穿过几次，直到去世还是一双新鞋，我保留至今。

每当回忆起为爸爸补鞋时，我内心总有一种难以抚平的内疚。当时买了新鞋后，我就说穿坏了再买新的。爸爸对我说："原先的旧布鞋，后跟鞋面与鞋帮裂开了口，能用鞋面布补一补吗? 补好了还能穿的，修鞋匠只会用皮补布鞋，不匹配。"我不会补鞋，但体会到"补好了能穿"的含义。我含着眼泪终于将有难度的鞋补好了，爸爸高兴地说，勤俭节约适用于生活中的每一件事，要珍惜有限的资源和自身的劳动成果。

1970 年至 1972 年初，我在家"待业"。一则学校停课闹革命，二则分配去农场务农，先在家待命（因农场住房没盖好）。只知道爸爸在图书馆工作，每天中午拖着疲惫的身体回家吃饭，饭后再去图书馆工作。午餐时只有我一人在家，我努力学会了为爸爸熬粥、炒饭、下面条、烙饼，使他中午回家能吃上热腾腾的饭菜，学会为爸爸洗衣洗袜，还陪他步行去新华医院看病、取药（当时没有公交车可乘）。

在那物资匮乏的年代，我只短暂地照顾了爸爸两年，报答给爸爸的爱，不及汪洋的一滴水，可爸爸是那么满足、那么宽慰，比起爸爸为我付出的心血，真是微不足道。

宽容，是爸爸教给我最重要的人生课之一。宽容是一种修养，是一种品质，更是一种高尚的品德。1979 年的一个星期天下午，有人敲门，正好是我去开门。“请问，龚先生在家吗？”我当即叫了爸爸，只见那人见到爸爸就深深地鞠了一躬。爸爸让他进门，谈话近一小时。之后，我问爸爸：“他为什么要对你 90 度鞠躬？他对你做了什么？”爸爸说：“此人在‘文革’期间迫害过我，今天是来上门道谦并请求原谅的。”我说：“他批斗你，这是鞠躬、道歉就可以了的？”爸爸说：“我已得到了平反，事情都过去了。”他那么从容，那么理智，只一句话就再现了一种豁达大度、宽厚仁慈的风范。我感谢爸爸，让我明白用宽容的心态去待人处事，宽容别人其实就是宽容自己。

在爸爸的追悼会上，有一个让我永远难忘的特别画面。他静卧在鲜花丛中，遗体上盖着中国共产党党旗，身穿我和二姐为他 70 岁生日新做的还来不及穿过的呢制中山装，口袋上别着两支生前所用的钢笔，陪伴他最后一程。

今天，我缅怀爸爸，从照片，从遗物，睹物思人，无不触动我的感恩和知足之心，无不勾起我深沉绵远的思念。寄托着对爸爸的哀思，也告慰爸爸，我们想着你呢！如果爸爸天堂有知，一定会欣慰的。

2018 年 11 月 20 日

我的父亲马地泰

马德埒[①]

父亲马地泰（履安、兴载）1911年9月21日（辛亥年七月二十九日）诞生在浙江鄞县百梁桥村“马东房”。百梁桥村位于鄞西鄞江两岸，宋元丰元年（公元1078年）在此建一南北向石墩木梁廊桥，有木梁百余根故称“百梁桥”，两岸为百梁桥村。百梁桥曾多次损毁，历代都对其进行过修缮，现外观如旧，仍为六墩七孔瓦屋廊桥，系浙江省保护文物。“马东房”是祖父家老宅，为两排二层砖木结构老式宅院，已有一百二十三十年，2015年11月我曾去探访，保存尚完整，按现在的行政区辖为宁波市鄞州区洞桥乡蕙江村桥北84号。祖父马天德和外公邵庆琛等四人在民国三年（1914年）元月创办了本村第一所小学启源小学，1945年更名为百梁小学，在原址办学至

① 作者马德埒系马地泰教授次子，曾任上海工程技术大学教务处处长，现任上海科学技术职业学院常务副院长、教授。

今，已有一百多年。

马地泰先生少年时期

父亲曾在启源小学、鄞县第四小学、宁波效实中学、上海复旦大学就读。1934年1月毕业于复旦大学土木工程系，留校任教后定居上海。1934年2月至1951年7月历任复旦大学土木工程系助教、讲师、教授。抗战时期父亲在复旦大学上海补习部任教。抗战胜利后，1946年夏由教育部组织专家组评审，父亲被评为教授并颁发证书。1946年复旦大学在江湾校区复校，学校曾将庐山村2号（现国年路102弄复旦第一宿舍2号）安排给我家居住。解放前父亲还在上海光华大学、上海苏州工业专科学校、上海市工业专科学校等多处兼课，以维持生活。

院系调整后1951年8月至1952年7月任上海交通大学土木系教授；1952年8月至1982年8月任同济大学路桥系教授，1982年8月退休。“文化大革命”前曾任同济大学铁路系铁道工程教研室主任、杨浦区政协常委等职。父亲从事教学工作48年，一生低调谨慎，对自己的业绩没有留下系统的完整资料，现仅能查阅到部分著作。

为抵抗日本侵略，1937年父亲著有我国第一本关于战地工程的专业著作《战地工程》，该书内容有测绘、道路、铁道、桥梁、筑营、筑城、河港、伪装等共八章，从工程学角度为科学抗战提供了知识基础。在送训练总监部审查时，由爱国名将、国民政府军事委员会副委员长冯玉祥将军为该书题词："战地工程书——我们要用最新的科学的工程抵抗民族敌人。"该书于1938年1月由商务印书馆出版，抗战期间在香港、重庆曾多次再版，发行量很大，体现了知识分子用科学技术抵御民族敌人的爱国精神。

父亲长期从事铁道工程教学和科研工作，潜心学术研究。1942年著有《铁路工程》一书由厚生出版社出版，该书系中国工程师手册之一。留有《铁路公路介曲线》的完整书稿，似未出版。该手稿保存在复旦大学档案馆。另有《路线测量》一书也已完稿，但未出版。

1954年，父亲在国内首先开设"铁路线路构造"新课，编写出我国第一份完整的"铁路线路构造"讲义。后又编写《铁路线路构造及业务》(上册)，这是一本有关铁路上部建筑的全国统编教材，1961年7月由人民铁道出版社出版。解放后，父亲努力学习俄语，翻译俄文《铁路路基》第四册，并于1961年8月由人民铁道出版社出版。以上讲义和教材被全国其他院校铁路专业广泛采用，为铁路课程的建设奠定了基础，为铁路培养大量工程技术人才发挥了重要作用。

"文化大革命"中父亲遭受迫害，致使右眼完全失明，左眼仅有微弱视力，在无任何助手的情况下，但仍坚持学术研究，著书立说。1982年8月由中国铁道出版社出版专著《铁路缓和曲线理论和类型》，并被选为出国展览图书。经修订增补后，在1986年2月由中国铁道出版社出版该书的第二版。这些都对缓和曲线理论的发展有所帮助，为高速铁路的缓和曲线设计提供计算公式和实测数表，对发展高速铁路有一定理论意义和实用价值。《解放日报》在1985年4月9日第三版对此作了报道："同济大学七十五岁高龄的马地泰教授，在'文化大革命'中遭受迫害，致使视网膜破裂，右眼完全失明，左眼矫正视力仅有0.05……克服困难，坚持著书立说。他写的《铁路缓和曲线理论和类型》专著曾被选作出国展览图书，最近即将再版。”并配文放了一张父亲在书桌旁的照片。在此期间父亲还在《铁道工程学报》1985年第3期，《铁道学报》1988年第1期，《上海铁道学院学报》1983年第1期、1985年第3期、1987年第1期（2篇）、1989年第4期等学术刊物发表铁路缓和曲线的相关研究论文7篇，为高速铁路的发展作出了贡献。

马地泰肖像（1986年）

父亲因重症肺炎于2005年11月28日（农历十月二十七日）晨1:12分在华东医院逝世，享年95岁。讣告刊于2005年11月30日《文汇报》第七版。2006年4月18日（农历三月二十一日）安葬于青浦福寿园中枇杷园墓地。

2020年6月

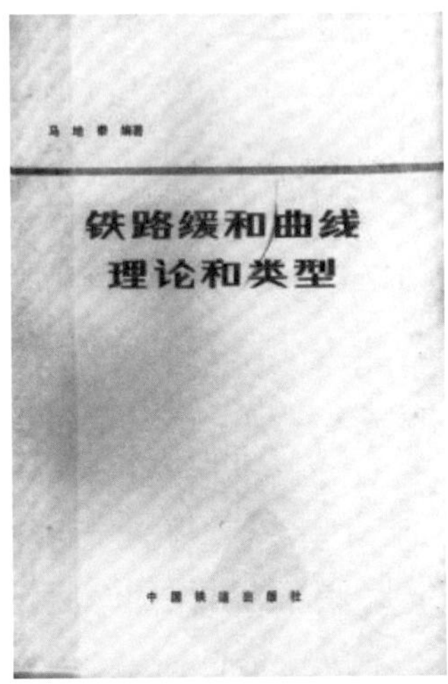

马地泰著《铁路缓和曲线理论和类型》

“用最新的科学的工程抵抗民族敌人”

——马地泰教授和我国第一本战地工程著作[①]

马德埒

家父马地泰教授1934年毕业于复旦大学土木工程系，在解放前留校任教于复旦大学土木系，1952年全国高校院系调整后，任同济大学教授。他是我国著名的铁道工程专家、教育家。73年前的1937年，当日本侵略者的铁蹄践踏我们祖国的神圣领土时，父亲也和广大爱国知识分子一样，勇敢地肩负起社会责任，用自己的工程技术知识积极地参与抗战。今年是抗日战争暨世界反法西斯战争胜利75周年。抗战这段历史是不可忘却的，因为它印证了：当一个国家的国民被广泛动员起来，民族觉悟后，任何列强都不可能轻易地征服它。当年日本侵华，国难当头，危难之际，爱国志士将民族生存之大业视为己任，有钱出钱、有力出力。知识分子则贡献科学知识，积极支持抗战，用科学的力量抵御民族敌人。

① 本文相关材料来源于复旦大学校史研究室于2010年9月29日发表的相关文章，以及2010年12月15日新民晚报B6版，由作者略作修改。

鉴于工程在战时的重要性，父亲在战火中节衣缩食，艰辛地撰写了《战地工程》一书，这是我国第一本关于战地工程方面的专业著作，父亲在序言中写道："战争原是残酷的野蛮的行为，但当敌人的枪对准我们放、敌人的刀对准我们戳的时候，我们为民族的生存，为祖国的光荣，作除暴的抗争，那是正义的战争，神圣的举动。方今国难益亟，凡我国民，不能没有准备。"

马地泰著《战地工程》

该书经训练总监部审查后出版。爱国名将、国民政府军事委员会副委员长冯玉祥将军为该书题词："战地工程书——我们要用最新的科学的工程抵抗民族敌人。"该书于 1938 年 1 月由商务印书馆出版，抗战期间在香港、重庆曾多次再版，发行量很大。该书内容涉及测绘、道路、铁道、桥梁、筑营、筑城、河港、伪装等八个方面，从工程学角度为科学抗战提供了知识基础。

父亲一生教书立著，可说是著作等身，桃李满天下，但他平生最珍惜和骄傲的还是那本曾鼓励和教导过千千万万抗战将士的《战地工程》。后来由于战乱，家中的藏本几经散落。但父亲总是以此为自己的珍爱，多方寻觅这本失去的书。

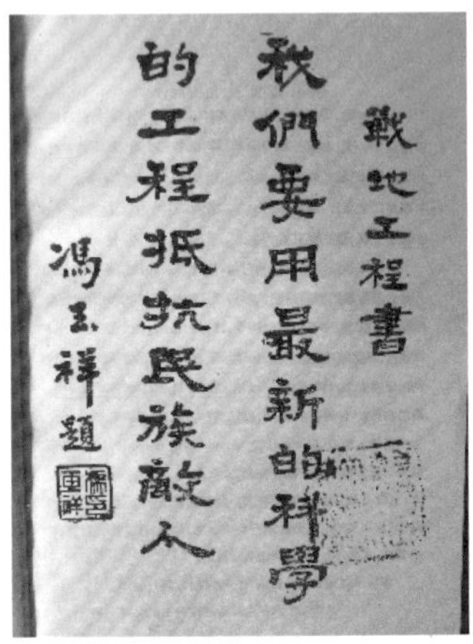

《战地工程》题词

在"十年浩劫"中，"造反派"发现了父亲所著的《战地工程》一书，由于该书有冯玉祥的题词，家父因此被批判，《战地工程》一书也就此从我家消失。

时光流转，也许是机缘巧合，一个偶然的机会让我在网上发现有《战地工程》一书出售，欣喜之余，几经周折终于购回了这本饱经沧桑、凝聚父亲心血的爱国抗战著作。纪念抗战胜利 75 周年之际，重温这本透着满腔爱国情怀的旧著，从一本老书翻开记忆。让我们一起纪念这段历史，纪念为民族大业而战的勇士、科学志士们吧。

欣闻同济大学交通运输工程学院编写学科先师纪念文集，故重修旧文，以表纪念。

2020 年 6 月

资料来源

［1］ 中国科学技术协会. 中国科学技术专家传略：工程技术编（铁道卷1)[M]. 北京：中国铁道出版社，2003.

［2］ 郦萌. 记铁道工程专家李秉成先生［J]. 铁道知识，1991（6)：16-17.

［3］ 郭达飞，金寿延. 春蚕到死丝方尽［J]. 上海市欧美同学会会刊，1992（8)：36.

［4］ 孙章. 深情缅怀童大埙教授［J]. 城市轨道交通研究，2011，14（03)：102-103.

［5］ 雷晓燕. 忆我的导师：童大埙教授［J]. 城市轨道交通研究.2011，14（04)：94，98.

［6］ 郦萌. 睿智、豁达、执着、敦厚：赞铁路教育家童大埙先生九十人生［J]. 上海铁道大学学报（理工辑)，2000（10)：3-2.

编者后记

2018年春节前，学院一行人去看望姚祖康先生时，姚先生提起正在和吴承志先生、赵学勐先生等几位师兄弟组织编撰翁朝庆先师的纪念文集。同年3月份就集结成稿了。其后又在一年内相继邀请杨佩昆先生、陆鼎中先生等一起编撰了陈本端先师、龚雨雷先师的纪念文集。先生们在耄耋之年，雷厉风行，让人感动。

其时，学院正准备启动学院学科发展史的整理工作。我们向姚先生报告汇编学科前辈纪念文集和整理学院历史的想法时，姚先生笑盈盈地问："整理这些陈年旧事有用吗？值得吗？"我们知道这是他的幽默，但很认真地回答："有用的，非常有必要！年轻的老师和学生需要知道老一辈是怎么做的，需要传承某种精神。"姚先生便不再说什么。之后，便是姚祖康、杨佩昆、吴承志等老先生们花费近三年时间的默默支持。

在老先生们撰写的三本纪念文集的基础上，我们年轻一辈再按图索骥，收集1952年前后创建道路专业和铁道专业的老先生们的生平就变得相对容易了，但这也花费了整整一年的时间。期间，一次次劳烦姚先生、杨先生、吴先生等对书稿内容把关、修改。几位先生总是热情洋溢、尽心尽力，给我们后辈很多的支持和鼓舞。

将成之日，抚稿而叹。遗憾的是，没能整理出全部同时代创系先师们的生平简历及传记，故为上篇起名"传记须添十九贤"，今后仍需努力整理收集同济交通各系科前辈的事迹史料，尽可能地使先贤们的轮廓变得更丰满。欣慰的是，在姚先生他们撰写的纪念文章中感受到了创系先师们每个人的鲜明特点和他们的崇高精神，故给下篇起名“尊前谈笑人依旧”。

创系先师们是探路者，筚路蓝缕、夙夜为谋，为新中国道路工程、铁道工程学科的起步与壮大呕心沥血；其高足耆宿们是开拓者，为我国现代道路工程、铁道工程和交通工程的创建与发展倾注心血，于耄耋之年仍身体力行、陟岵瞻望；我年轻后辈是授业者，先师们的高度虽不能至，然心向往之。同济交通的一代代“同路人”薪火相传、继往开来，为中华民族的伟大复兴，为中国交通强国之梦弦歌不辍、砥砺前行。

本书编委会

2020 年 7 月